红色记忆® 54

白山黑水抗联魂

海南省文化交流促进会　编

南海出版公司

2016·海口

图书在版编目（CIP）数据

红色记忆 . 54，白山黑水抗联魂 / 海南省文化交流促进会编 . -- 海口：南海出版公司，2016.11（2025.1 重印）
ISBN 978-7-5442-8647-3

Ⅰ . ①红… Ⅱ . ①海… Ⅲ . ①革命传统教育－中国－青少年读物 Ⅳ . ① D642-49

中国版本图书馆 CIP 数据核字（2016）第 294670 号

HONGSE JIYI · 54——BAISHAN HEISHUI KANGLIAN HUN

红色记忆 · 54——白山黑水抗联魂

作　　者　海南省文化交流促进会
总 策 划　刘　栋
顾　　问　贾延岩
执行总编　任在齐
责任编辑　聂　敏
封面设计　郑广明
排版印务　白　多
发行总监　杨成春
出版发行　南海出版公司　电话：（0898）66568505
社　　址　海南省海口市海秀中路 51 号星华大厦五楼　邮编：570206
电子信箱　nhpublishing@163.com
经　　销　新华书店
印　　刷　天津睿意佳彩印刷有限公司
开　　本　787 毫米 ×1092 毫米　1/16
印　　张　6.75
字　　数　124 千字
版　　次　2016 年 11 月第 1 版　2025 年 1 月第 2 次印刷
书　　号　ISBN 978-7-5442-8647-3
定　　价　39.80 元

对历史无知的人，没有真正的信仰可言；没有信仰的人，不可能拥有美好的理想，不可能胸怀崇高的情感，也就不可能担负起任何责任。用欲望文化代替历史教育，足以使一个国家的青年被腐蚀、使一个民族的希望被毁掉，使这个国家和民族被永世万代地奴役！

鉴于此，我们呼唤历史，唤回那段属于二十世纪的“红色”历史，唤回那段炮火硝烟、颠沛流离的历史，唤回那冲天的狼烟留下的悲壮回忆、岁月年轮沉淀的斑驳痕迹。历史不应该被忽略，更不应该被遗忘，牢记那段革命战争年代的红色历史更是责任。为了那些不应该被忘却的记忆，为了那些不应该被丢弃的信念，于是就有了这套《红色记忆》丛书。

曾记否，当草鞋与意志丈量出来的两万五千里穿越一个伟大民族五千年的荣辱兴衰，革命的火种被一路播撒、一路点燃。人迹罕至的雪山、荒无人烟的草地被鲜血浸透，衬映出一段光辉的里程；万水千山早已被远远地抛在身后，一轮红日在黄土高原磅礴而起。满目疮痍的河山在1936年10月温暖如春……

曾记否，当生命和鲜血浸染的十几年光阴将一种记忆铭刻进一个伟大民族的历史画卷，革命的火焰从星火到燎原。这栏杆拍遍、易水悲歌般的呼号，这折戟沉沙、慷慨赴义的悲壮，这铁马冰河、枕戈待旦的苦战，这红旗漫卷、所向披靡的豪迈……腔腔热血、铮铮铁骨早已被熔铸成一座不朽的丰碑，中华民族从苦难中百死后生的壮丽诗史凝结成了五星闪耀的红色记忆。

曾记否，中华人民共和国成立以来，又有无数英烈接过前辈用鲜血染红的旗帜，或壮怀激烈戍边卫国，或忠于职守鞠躬尽瘁，或绝甘分少奉献大爱，甘做国家强盛、人民富裕的铺路石，成为和平年代民族复兴的荣光，把人民心中的红色记忆浸染得分外鲜艳，永不褪色。

这红色记忆，是信念不衰、志向不改的崇高气节；这红色记忆，是无私无我、生属苍生的博大胸怀；这红色记忆，是敢为人先、披荆斩棘的拓荒精神；这红色记忆，是中华民族最宝贵的精神财富。它告诫我们，人事有代谢，传承无绝期。缅怀先烈精神，继承先烈遗志，是社会的道德和民族的良心，是后来者须臾不可忘怀的本分。

老一代人把历史的真实交付给我们，我们有责任用真实还原历史，传承给下一代，把那段岁月与现在年轻人的生活连接到一起，使他们眼中的历史变得立体、真实、可靠，让历史成为他们前进的动力。本丛书将那些流动的、随时会飘散在时间天际的事件凝固下来，希望透过这些文字、图片，感受到英雄们那坚定的革命信念，感受到那个年代澎湃的革命激情，真切体会那段“红色历史”。

忘记历史，就意味着背叛。让我们重温历史，缅怀先烈，从中汲取力量，毅然前行。

刘栋

目录 CONTENT

目录 CONTENT

向死而生　向死而战

——东北抗日联军苦战十四年抵御外侮

文／姜宝才

抗联战士在伏击敌人

1931年日本发动了九一八事变，开始侵占东三省。九一八事变第二天，中共满洲省委就发表了反日宣言。1932年春，中共满洲省委根据中央的指示，派大批干部到东北各地筹建抗日队伍。

这是一群坚定的民族先锋，一群高学历的知识青年。杨靖宇毕业于河南省立工业学校，周保中出自云南陆军讲武堂，冯仲云是清华骄子、哈尔滨商船学校教授，赵尚志和赵一曼都出自黄埔军校，而从黄埔军校走出的抗联干部，有名有姓的还有十三位。

杨靖宇去了南满，整编南满游击队，成立了东北人民革命军第一军独立师；赵尚志去了北满，创建了东北人民革命军第三军；周保中去了吉东，创建绥宁反日同盟军，后将其改编为东北反日联合军第五军。

抗联第一路军警卫战士一部

1936年，共产党领导的东北抗日部队，统一改编为东北抗日联军（简称“抗联”）。抗联共十一个军，一军至七军为共产党直接领导的抗日部队，八军至十一军由民众武装改编而成。此后十一个军陆续整编为抗联第一、第二、第三路军。为什么叫抗联？不管是什么人，不管是干什么的，大家抱成团拧成一股绳，同仇敌忾，把日军赶出去！

这股绳一“拧”就是十四年。尽管这十四年间，他们要以最多时才三万余人的兵力，去对抗盘踞在东北境内多达七十万的日军；尽管这十四年间，由于和关内及外界长期隔绝，没有给养，他们只有拼命地和敌人战斗，以便在从敌人手中夺来的战利品中求得医药、子弹和服装等给养；在极端困难的条件下，在零下四十摄氏度、无处可避风雪的刺骨寒冬里，因为没有粮食，饿极了的时候甚至连棉花、树皮、草根都拿来充饥，许多抗联官兵因此饿死……

就是一个“苦”字，苦得没边没沿，整整苦战了十四年！

但如果连死都不怕，这些苦又算得了什么？

向死而生，向死而战，成了很多抗联官兵的一种“活法”。三军二团政委赵一曼本可以过一个女人的平常日子，她却选择了和男人一样去战斗；杨靖宇“就跟松树一样，死也不挪窝儿，最终死在了树下”；赵尚志曾两次被错误开除党籍，最后丢了军权，可他还是要抗日，死也要死在抗日疆场上，最后魂断梧桐河……

1940年，在敌人重兵“围剿”下，抗联根据地严重缩小。为了保存力量，抗联余部陆续转入苏联远东密林进行整训。1942年8月，苏联希望通过抗联牵制日本关东军兵力，与抗联合作，将在苏联的抗联部队整编为抗联教导旅，番号为苏联远东军第八十八步兵旅。抗联官兵协同苏联红军行动，为最后击败日本关

活动在吉林省敦化县（今敦化市）牛心顶子一带的抗联第二路军一部

斯大林为东北抗日联军颁发的嘉奖令

东军，迎接关内八路军和新四军十万大军、两万干部出关，以及解放东北，作出了特殊的贡献。

1945 年 10 月，中共中央东北局书记彭真等领导听取了周保中、冯仲云等同志关于东北抗日游击运动的详细汇报，并接收了东北党员名单和档案。至此，抗联结束了历史使命，他们活跃的生命细胞，融进了人民解放军的血脉里。

东北抗日联军，是二战中一支极为悲壮又功勋卓著的部队。在抗联官兵身上，凝聚着一股不屈不挠、誓与强敌血战到底的英雄气概，堪称“中华民族的一种精神符号”。

（本文发表于 2015 年 8 月 27 日，选自《解放军报》）

东北抗联与共产国际是如何联系的

文／王惠宇　王敏娜

白山黑水间，中国共产党领导东北人民进行了十四年艰苦卓绝的抗日战争，尤其是孤悬于敌占区的东北抗日联军，以英勇无畏的牺牲精神，沉重打击了侵略者，牵制了数十万日本军队。

为及时得到帮助和指导，东北抗联和共产国际一直保持着联系，不仅突破了敌人的重重封锁和严密盘查后通过电台传递消息，还建立了专门的交通线路，这条线路被称为“红色交通线”。

红色国际特工携电台潜入沈阳

1931 年 9 月 18 日，东北近代史上最黑暗的一天，日本关东军炮击东北军北大营，制造了震惊中外的九一八事变。由于国民党的不抵抗政策，到第二年 2 月，东北全境即告沦陷。

日本用武力征服中国的企图暴露后，不愿做亡国奴的东北人民奋起反抗。由部分原东北军、中共抗日游击队、农民暴动武装、义勇军等组成的东北抗日联军，在中国共产党领导下同日本军队展开了激烈的斗争。

“当时的中国共产党是共产国际的一个支部，在斗争的过程中，东北抗联得到了共产国际的指导。”东北抗联史实陈列馆的一名研究人员这样告诉笔者。1934 年，共产国际将德国共产党员乌尔苏拉·汉布尔格派往奉天（今沈阳市）。

汉布尔格是一名红色国际特工，曾在上海执行任务，此次奉天之行就是要建立共产国际与抗联之间的电台联系。

当时，东北的斗争环境极其严酷，日本关东军到处搜捕抗日爱国志士，并在伪满洲国边境加大了盘查力度。汉布尔格和她的同事恩斯特将发报机拆成零件，装在随身携带的行李箱中，躲过了日军的盘查。

到了奉天，汉布尔格发现组装发报机整流器所必需的变压器竟然缺失，而且这

种变压器在奉天根本就买不到。无奈之下，恩斯特只能前往上海购买变压器。为了躲过日军的搜查，恩斯特将变压器藏在一把沉重的安乐椅底座内，用铁丝固定在弹簧上，托运进了奉天。

组装发报机必需的零件虽然齐全了，但找到一处可以安全收发电报的地方十分不易。当时，奉天所有的空置住宅都被贴了封条，剩下的都是些逃跑的东北军将领们的豪华别墅。这些地方目标太过明显，而且日本关东军有专门侦破电台的特别宪兵队，稍有不慎就可能前功尽弃。

经过不断的考察，汉布尔格最终以低廉的价格租了一栋石砌的二层小楼。1934年6月的一个深夜，当整个奉天城都已经入睡时，嘀嘀嗒嗒的电波声，在这栋不起眼的石楼里回荡。为了将抗日武装的消息传递出去，汉布尔格一丝不苟地工作着，一口气发出了三百组密码。与此同时，在遥远的海参崴，一名红军报务员正在接收这些消息。

这样的工作大约每周都要重复一两次。通过无形的电波，汉布尔格和恩斯特向共产国际汇报关于抗日武装的行动计划和成果，通报最新的、值得关注的时局动态。

在中东铁路沿线城市建立秘密交通站

除了电台，东北抗联与共产国际之间还存在另一个联系通道——地下国际交通线。在敌人的严密封锁下，中国共产党与共产国际、苏联共产党保持秘密往来，依靠的就是地下国际交通线。地下国际交通线早在二十世纪二十年代就已经建立。中国共产党的创建者和早期领导人在出席重要的国际性会议，以及被派往苏联学习工作时，都是通过这条地下国际交通线出入境的。

1928年，中共中央决定于6月在莫斯科召开第六次全国代表大会，全国各地代表也分别按照规定的地下国际交通线前往苏联。

另一方面，共产国际对中国革命给予关注和支持，派人沿中东铁路到中国和其他东方各国传播马列主义，这都要依靠地下国际交通线。

最初的地下国际交通线路线是：由上海乘船到大连或营口，然后乘火车经沈阳、长春，抵达哈尔滨；或从北京乘火车，经天津、沈阳、长春，至哈尔滨。哈尔滨作为中转站，可以从东、西、北三个方向前往苏联：一是乘中东铁路火车西行，经满洲里出境，换火车或马车到赤塔，再乘火车到莫斯科；二是乘中东铁路火车东行，经绥芬河出境，或乘马车或步行到格罗捷阔沃，再到海参崴乘火车至莫斯科；三是走松花江、黑龙江到伯力。

作为中东铁路枢纽，哈尔滨成为这条红色交通线的必经之地。为了确保国际交通线的安全，中国共产党在交通线的重要站点满洲里、哈尔滨、牡丹江等地，建立起多个交通站。

这些交通站承担着传递党内文件、情报，掩护人员往来等任务，通常是单线领导，时间、地点、暗号、密写方式全由专人安排，秘密进行。这样，就形成了一条以哈尔滨为中心，包括牡丹江、绥芬河、满洲里、密山和博克图等交通联络站的地下国际交通线。

九一八事变后，日本对中苏边境采取了严密的封锁措施。伪满洲国成立后，派“国境警察队”进驻满洲里，加强对中苏边境线的控制和管理，防止共产党人从那里出入国境。

为了方便与共产国际、苏联的往来，中共满洲省委决定在满洲里、哈尔滨、密山等地建立秘密交通站。此时，哈尔滨仍然是地下国际交通线的中转站，但交通路线已发生变化，大致有如下四条：一是从哈尔滨到满洲里越境，再经伊尔库茨克，到莫斯科；二是从哈尔滨到黑河国际交通站，经海兰泡至莫斯科或海参崴；三是从哈尔滨到牡丹江密山国际交通站入苏境，经图里洛格至海参崴；四是从哈尔滨到牡丹江绥芬河国际交通站入苏联境，再到海参崴。

三省委各自开辟地下国际交通线

在日军疯狂的“扫荡”和“围剿”下，东北许多抗日组织根本无法与中共满洲省委取得联系。共产国际“七大”后，中共驻共产国际代表团决定撤销中共满洲省委，新建四个省委和两个特委，对东北的党组织进行全面改组。中共驻共产国际代表团给东北共产党组织的《六三指示信》中曾提出过：“将党的机关的一部分建立在游击区里，改变党组织庞大的结构（尤其是上层领导机关），缩小管理的区域，使之能灵活、巧妙地独立工作，适应战争的环境。”

1936年初，中共满洲省委正式撤销。从1936年2月至1937年初，在东北先后建立起中共南满省委、北满临时省委和吉东省委三个省委和哈尔滨特委组织。1940年前后，东北抗日联军的处境极为艰难。由于各地都建有领导机构，因此抗联队伍还在继续与日本人对抗。此时，中共南满省委、北满临时省委和吉东省委都得到了苏联共产党及远东军区的帮助和指导，东北抗日进入一个新局面。

起初，这些国际交通线由共产国际满洲联络处统一领导。1935年后，共产国际专设哈尔滨国际交通局。由于叛徒的出卖，1937年4月，共产国际交通局组织完全被破坏。为了与苏联远东军保持顺畅的联系，三省委各自开辟了交通线，主要有以下三条：一是北满省委及第三路军经黑河或嘉荫、萝北，越黑龙江入苏境至伯力；二是吉东省委及第二路军经饶河或虎林、密山，越乌苏里江入苏境，到伊曼、比金

至伯力；三是南满省委及第一路军从绥芬河、东宁、珲春入苏境，到双城子等地。这几条交通线的开辟，为东北抗日联军接受来自共产国际和苏联的援助，以及在必要时退入苏联境内提供了方便，增强了东北抗日联军的生存能力和战斗力。1941 年至 1945 年，东北抗日联军在苏联野营整训期间，派遣小部队返回东北也是利用这些交通路线。

这些地下国际交通线不仅为加强中国共产党同苏联的联系起到了重要作用，也为东北抗日战争创造了有利条件，地下国际交通线也因此被称为“红色交通线”。

（本文发表于 2015 年 8 月 26 日，选自《辽宁日报》）

东北抗联战士的艰苦岁月

文／中共黑龙江省委党史研究室

东北抗联从建立那天起，始终在日军和反动势力的疯狂“围剿”下进行抗日斗争，他们以坚强的意志、不屈不挠的斗争度过了那艰苦岁月。

难忘的岁月

抗联老战士乔邦义是在抗联进入最艰苦时期入队的，他经历了抗联的艰苦生活和无情惨烈的战斗。他向我们讲述了兄弟五人参加抗联，三人牺牲的悲壮历程。

乔邦义是吉林省长白县十九道沟双山头人。1937 年，他与大哥乔邦仁、三弟乔邦礼、四弟乔邦智、五弟乔邦信相继参加了抗日联军并从事地下工作。乔邦义是抗联第二军第六师第八团战士，他在讲述那段难忘的经历时说：

我从 1936 年开始就给红军（抗联）办事，搞侦察、买药品等。1937 年“归屯”后我就参军了。我父亲叫乔占山，是个穷苦农民，当时已经瘫痪了。他劝我们去当红军打日军，不要管他。我们兄弟五个都走，担心父亲的病，全家人大哭了一场。临走时，父亲哭着嘱咐我说：“老五（指五弟乔邦信）最小，我把他交给你，无论如何不能把你五弟扔了。”我向父亲作了保证。我们是夜黑头出发的，和我们一起走的还有老蒋家的大儿子。

我参军的部队是抗联第二军第六师第八团。五弟跟着我，其余的人都分开了。当时，同志之间谁也不知道谁姓什么叫什么，因为若让敌人知道了谁家有人当红军就全家杀光。一个连队三个排，一个排三到四个班。十个号一个班，叫谁就叫号，名字只有师首长知道，即使这样保密也死了不少人。我大哥腿不好，当了交通员，搞联络。他在头一年（1937 年）的冬天被捕牺牲在长白县城西炮台，那里是杀人场。后来，三弟也牺牲了。四弟于 1938 年入了党，外号叫“四当家的”。他小时候念了几天书，参军后当了几天战士，后来就负责保卫师首长，当了警卫班班长兼机枪射手，长期跟随师首长。1938 年，抗联第一路军下设三个方面军，我们的师首长

是抗联第一路军第二方面军（简称“第二方面军”）的总指挥。1939年，抗联第一路军的总司令杨靖宇驻在濛江县，我们驻在和龙县山上。秋后召集三个方面军领导举行会议，我四弟和五弟都去了。四弟是警卫班班长兼机枪射手；五弟是六师长的警卫员，给总指挥背皮包。当时，总指挥共带了三十多人去开会。其中有一个司号长叛变了，走漏了消息，敌人便调来了大批军队，放了许多卡子。这次会议是在大原始森林中由杨靖宇将军主持召开的，开半天就换地方，换了好几个地方才把会开完。往回走时，途中碰上了卡子，被敌人发现了，开了火。在激战中，为了保卫总指挥，四弟将敌人的火力引到自己这边，结果他壮烈牺牲了。当时我在八团团部，听到四弟牺牲的消息特别难过。

东北抗日联军的生活是艰苦的。我参军几年没住过房子，真是“天大的房子地大的炕”。吃饭很困难，既无供应又没钱买。砍树种地吧，敌人的飞机总出动，一发现我们开荒种地就出兵“讨伐”。唯一的办法是从敌人那里或者从大粮户那里拿，再就是秋收季节抢收地主的粮食。穿的也困难，当时我们的衣服很容易破，先破拐肘，后破膝盖。解决的办法就是从死人身上扒。打死了敌人就量个头，大个找大个，小个找小个。我们的枪支弹药不缺，就是缺吃的，甚至三天两天吃不上饭是常事。当时的食物以苞米粒、黄豆粒为主，能吃上苞米面和大米子就是顶好的了。什么时候能吃饱饭呢？就是打下据点后的第一顿饭。几顿不吃，冷不丁吃一顿也真够受，所以同志们几乎都有胃病。

第二方面军大部分是朝鲜族同志，朝鲜族妇女真是好样的。当时有个女特别连，打仗唱歌，对敌喊话，特别活跃。朝鲜族同汉族关系特别好，十分亲密。女同志在连队负责做饭，如有病号行军，她们就用饭盒为病人拎着饭，有的同志牺牲时手里还攥着饭盒。男同志也一样，我们八团大部分是汉族，七团全是朝鲜族，警卫连和教导队汉族和朝鲜族混编，执行任务时都抢着干，而吃饭的时候却互相让。那时我们每人一把小勺，吃完饭，小勺往腿绷里一插就完事。其实，很多时候是吃炒苞米粒，连小勺也用不着。尽管生活苦，却没有一个叫苦的。

我们第二方面军活动在长白、濛江、临江一带。冬天我们的兵力就集中起来，雪化了就分散活动。敌人很难找到我们，常常被我们打得蒙头转向。我们打游击战，跟敌人斗心眼儿。最多的一次是一天打了二十四仗。我们惯于打埋伏战，冷不防打他一家伙，打了就走；敌人吃了亏，就跟腚追，我们又埋伏起来，把机枪架好，敌人来了又是一顿扫射，打完又跑。人有个毛病，打埋伏时越怕咳嗽就越咳嗽，急眼了就把头拱到雪里咳嗽一声。有时枪一响就冲锋，敌人愣了，不等他还枪，我们就上来了。日本士兵很顽固，死不投降。伪满士兵熊，一喊就举手投降。有时伪满士兵还打死日本士兵。当动员他们参加抗联时，他们不愿意，因为怕遭罪。我们对他们进行教育后就放他们回去，告诉他们下次再抓住就不客气了，实际再抓住也不弄死。日本人被我们打怕了，每逢行军都把伪军安排在最前头和最后边，他们在中间。可是日本兵穿的是黄呢子，老远就能看出来，我们专打他们。

在长白县，我们打过好多村落，只是没打长白县城。我们并不怕长白县城的兵力，是怕朝鲜惠山镇的日军增援。当时，仗打得真够苦的。1938 年以后，几乎每天都打，枪不响就吃不上饭。打村落，打木场子，打粮车。打下粮草，一边赶着车，一边吃。秋天主要吃苞米粒和土豆，冬天吃牛肉，肉当饭吃，粮当茶。缴获来的牛，现杀现吃，吃的时候用火烧，烧得半生不熟的。当时的生活这么苦，可是大家的情绪很高，还组织学习和娱乐活动。行军时用纸写上字，贴在背包上，后边看前边的，行军休息或晚上宿营时，还唱歌、跳舞。唱歌时开始小声唱，唱着唱着，情绪激动起来，就放开嗓子唱。部队朝鲜族同志常跳朝鲜舞，有时大家一起跳，十分开心。

1939 年，就更艰苦了。记得有一次在大杨树那个地方，我们七天没吃到一粒粮食，一百多名战士最后只剩下十七个人，其他的都牺牲了。我们的团首长也受了重伤。当时，补充兵员是不可能的。由于抗联分散作战，这里打，那里打，敌人摸不清我们有多少人。我们六师八团最后只剩下三五个人了。但是我们仍然跟随抗联与日本侵略军进行斗争。

生活和战斗在丛山密林里

1938 年以后，抗联进入了非常艰苦的斗争时期。王明贵回忆了在敌人严密封锁和“讨伐”下，近似野人的生活环境。他对那段生活和战斗在丛山密林里的难忘经历进行了这样的讲述：

东北抗日联军北满部队，冬季生活和战斗在没有村庄、人迹稀少的丛山密林里，足迹踏遍整个小兴安岭，既要同“进剿”的敌人作战，又要和恶劣的自然条件做斗争。

小兴安岭的西部山林和平原之间的许多地方，居住着日本的移民——开拓团。这些日本人备有武器，阻碍抗联的活动。日本军队、伪满军队驻扎在沿山的村庄。敌人的指挥中心备有汽车，可以随时出动运输作战部队。他们的交通电话设备齐全，各地的特务汉奸可以随时向日军报告抗联的行迹动向。抗联一进入村子，就得和有工事依托的敌人作战，枪一响四面八方的敌人都来增援。我们处于被包围的境地，撤退时还要突破山边的敌人封锁线，敌众我寡，力量悬殊，腹背受敌。敌我作

战时，当地群众也难免要遭日军炮火的杀伤。在上述不利的情况下，我们无法进入村庄，只得被迫进入山里，依靠小兴安岭的山地、河川和森林同日军做长期的残酷斗争。

离开了村庄，我们遇到的第一个困难是缺乏给养。特别是冬季到处白雪皑皑，积雪一两尺（1 尺约等于 33.3 厘米）厚，气温零下四五十摄氏度。敌人每年就在这个时候对我们发起连续进攻。他们轮番搜山，跟踪追击，使我们得不到一点喘息的机会。随身携带的有限的粮食吃光了，为了坚持斗争，有时不得不杀战马充饥。吃那些瘦马肉，没有油盐，又腥又塞牙。马匹是同志们在战斗中流血牺牲缴获来的，它们曾帮助我们驮过沉重的军需物资，昼夜行军作战，吃的是枯草、树枝，喝的是冰冷雪水。在杀食战马的时候，我们心里都特别难过，谁也不忍心下手。但为了同敌人战斗下去，不杀战马又有什么办法呢？

一过了冬天，在万物复苏的春季，我们就在森林里采集各种各样的野菜吃。最好的野菜是韩葱。它长在山坡上，味道比平常的家葱更鲜（相传这种韩葱是过去向皇上进贡的上等珍品）。此外，枪头菜、菠菜、山白菜、明叶菜、二荚芹、河菜等都是我们常吃的野菜。还好，这些野菜到处都有，每逢宿营的时候，大家便分头去找，很快就可采来。有些野菜可以从春天吃到秋天。

夏季还可以吃蘑菇和木耳，黄蘑、松蘑、木耳等都长在朽木上，到处都能采到。猴头菇是比较珍贵的山货，那时，我们也能经常采到。它长在柞树上，在没有战斗的情况下行军，有些同志一边走，一边注意观察路旁的大树。如果发现一个猴头菇，在对面相隔不远的另一棵树上还可能找到一个。猴头菇大的像碗，小的像拳头。

我们还能吃到各种飞禽走兽。林茂草深的季节，敌人上山“围剿”，追踪困难，我们常常出去打猎改善生活。林中的狍子很多，宿营、行军随时都可以打着。还有野猪、熊、鹿、犴，以及野鸡、松鸡、山鸡、天鹅等，这也是我们可能猎取到的动物。部队在没有人烟的森林里，生活非常困难，要想吃到粮食，必须在战斗中缴获。

敌人强迫老乡实行“粮谷出荷”，规定了配给制度，各家不准存有余粮，私人也不允许买卖。他们恫吓百姓，谁送粮或卖粮给抗联就是国事犯，以“通匪”论处，轻则关押，重则死刑。抗日游击区的人民知道我们是打日本的，甘愿冒着生命危险帮助我们。如绥棱县东八井子魏振邦、十三井子赵启、柴家店柴老四等。他们把苞米堆在地里不往回拉，有的把苞米棒放在场院明显的地方，让我们去取。特别是六井子卢子扬，以拉木头为掩护，用马爬犁把粮食运到山里，秘密地交给了我们。绥棱县栾家烧锅一个张寡妇（徐秀），她给郭铁坚的部队供给了好多粮食。我们的部队进屯筹粮，人背马驮，把一口袋一口袋的粮食，分散隐藏在大树底下、稠密的丛林中，以及山岗上，我们行军、作战时可以随时来取。

深山老林里，没有村庄，人迹罕见，谁又能背着营房行军作战呢？我们一年四季都是这样野外露营的。野外露营，天做纱帐，地当军毯，陪伴我们睡觉的，一边是温暖的火堆，一边是寒冷的霜雪。

北满的冬天，气温常常降到零下四十摄氏度以下，地冻三尺。人在这样的严寒中，不拢火就会冻死。夏天蚊虫、瞎虻（牛虻）、小咬（蠛蠓）特别多，人马从林中、草地经过，在头顶上和背后就会跟着一群蚊虻。特别是在部队前面行进的那十几个人，蚊虻就会在他们的前后左右，上上下下，嗡嗡直叫，飞来飞去，瞅机会就来叮咬。那些长得像花生大的瞎虻，让人们见了心中不禁有些惧怕和厌烦。走在最前面的人，得拿蝇甩子或撅一把树枝子不停地抽打着，可是一不小心，还是会被它们咬一口，又痒又疼。军马被咬得浑身流血，宿营时，只有搭个马棚才能使牲畜减少蚊虻的叮咬。对这种害人虫只有用浓烟熏才能把它们赶跑。有了火光，野兽也惧怕不敢靠前，所以露营后拢篝火成了我们抗联战士必不可少的工作。我们随身携带伐木工具，每到一个宿营地，你听吧，“咔嚓咔嚓”的是放树的声音，“哧啦哧啦”是锯木头的声音。我们一到，整个森林一片喧哗。

采伐完毕，树干做柴拢篝火，小树枝儿和叶子再加些枯草可以铺垫，围着篝火放一圈，一坐暄腾腾的，还真有点像现在的沙发床哩。夏季，为了避免受潮生病，青草每天得换一次，新鲜的青草和树叶没有腐烂，既隔潮又发热，不伤身体，半湿不干的草和树叶子容易使人生病。

拢篝火容易暴露目标，条件允许时，我们搭上帐篷或盖个窝棚，稍远的地方就看不到火光了。

用缴获和购买来的一些洋布，缝成宽长两幅见方的一块，并在四角处和顶篷中间钉上带儿，用四根长竿架起来或在地上钉四个木桩，四角拴在竿上，顶篷吊起来。这种自制的帐篷，搭起来只需一二十分钟，拆除时只需几分钟，体积小，分量轻，便于携带。

夏天，帐篷既可防雨，又可防蚊虫和瞎虻。下雨时，开头帐篷里有些小雨星，过一会儿，篷顶全湿透了，就不漏雨了。天冷时，生个小火炉，尽管帐篷外边镶上银霜，盖上白雪，但是帐篷内依然暖融融，温暖如春。

火炉和烟筒是用洋铁筒制作的，炉子用火油桶一头开个圆洞，安上烟囱，在油

桶下端再开一个小口作炉门，再制作三个小烟筒。行军时把它放在炉桶内，总共只有三四斤重，携带也轻便。

1938年秋季，抗联第六军西征到海伦。我们来到这个地区，敌人发觉后，布防严密。我们的部队经过长期行军，跋山涉水，已疲惫不堪。在一无粮食、二无衣服的极端困难情况下，敌人企图把我们困死在山里。为了切断我们同老百姓的联系，敌人在山边各屯重兵把守，还派部队到山区轮番“讨伐”。为粉碎敌人的进攻，我们派小部队引诱敌人到山里去，牵着敌人的鼻子在山里转来转去。一方面打他们的埋伏，另一方面把山里所有的荒道踏平，以便于我们活动。为了隐蔽和露营防寒，在大地结冻以前，我们在山里山边的树林地带挖宿营基地。这种基地只需挖一人多深，宽三米到五米，长十米左右。在墙的四壁埋上四根支柱，加上两根横梁，然后挂上篷布，在室内通道上拢火取暖，出入的地方挖楼梯式土坎。天气寒冷时，只要在顶上搭一块布就是很好的房子。敌人来了就把它变成碉堡和隐蔽部。1938年秋，我们三支队在海伦靠近屯子离敌人二三十里的地方，挖了许多这样的宿营基地。我们夜间进入屯子打击特务警察，向人民群众进行宣传教育，组织抗日救国会等，天亮前能赶回来。敌人知道这一情况，千方百计地企图毁掉我们的宿营基地。但地掘不动，怎么也毁不了，敌人毫无办法，我们却利用它发挥了很好的作用。

敌人的大批兵力轮番入山“围剿”，兵力数倍于我，用所谓“梳篦”森林的方法，妄图把抗联队伍斩尽杀绝。我们在处于劣势的情况下，同敌人进行了不屈不挠的殊死斗争，口号是把“进剿”的敌人埋葬在大森林里。

我们不能和敌人拼消耗，而是采取小组伏击的战术。打埋伏战是我们游击队经常运用的战术，每个队员都很熟练，大家争先恐后地要求执行这样的任务。那时曾出现过许多打伏击的能手。白天我们打埋伏，夜间敌人一拢火宿营我们就“摸火堆”。敌人在明处，我们在暗处，我们秘密地摸到火堆跟前，机枪嗒嗒地响起来，直打得敌人鬼哭狼嚎，血肉横飞。

日军看抗联依靠茂密的森林作隐蔽，就每年放火烧山。山林雨少风多，草枯易燃，一着起火来往往要烧十天半月的，无法扑灭，只有在下大雨或下大雪时才能熄灭。这确实对我们构成很大的威胁。但是漫无边际的大森林是无法烧尽的。我们轻装善走，敌人在这里放火，我们就迅速转移到另一处去。敌人此举也是枉费心机。

有时，我们的小股部队将敌人引进森林的深处，主力部队则趁机绕到敌人背后的山边上来隐蔽，然后夜间突然进屯子里搞给养、做宣传。有时还会组织一支精干的骑兵和步兵深入平原，奔袭敌人的后方据点，破坏敌人的巢穴。我们曾用这种方法打开过许多敌人驻守的大屯、据点，有力地打击了日军的嚣张气焰，鼓舞了人民的抗战热情。

（本文选自中共黑龙江省委党史研究室编写的《东北抗联纪实》，黑龙江人民出版社，2010）

酒坊工人秘密给东北抗联送酒

口述／丁心普　整理／张　昕

丁心普

我于1918年6月28日出生在沈阳辽中的丁家窝棚。整个窝棚的乡亲们都以种庄稼为生。我父母有七个孩子，日子过得虽说不富裕，但也说得过去。九一八事变后，日本占领了沈阳。我们成天担惊受怕。

1942年，日本人到我们窝棚抓“国兵”。我当时都已经结婚了，因为种种原因成了“国兵漏子”。对于丧心病狂的日本人来说，“国兵漏子”可不能轻易放过。不久，我就被送到沈阳一家日本人办的兵工厂当劳力。当时兵工厂有三万多劳力，我所在的车间就有八百多人，比现在一般工厂的人都多。一个月，我们得生产四吨炮，劳动强度就可想而知了，从早到晚累得要命。

有一次，一位年长的工友给我拿了点钱让我到位于东北大马路附近的万隆泉去买酒，给大伙解解乏，我就去了。我还记得当时酒厂在铁路一侧有一个门市房，里面有两个人，一个收账一个打酒。买酒的人并不多，我一到那就买上了。回到工棚一喝，味道真不错。我还记得工友们跟我介绍说，这烧锅酒好喝价钱也不贵。因为他们厂里有一口老井，井水清澈甘甜，再加上酿酒师傅都是山西来的高手，工友们都挺爱喝他家的酒。

后来，我的一个亲戚在沈阳当了个小官，我去求他安排我从兵工厂出来，在外面另谋个工作。亲戚给我推荐到了万隆泉酒厂，我一听，就很愿意地去了。

我进厂的时候，厂里有四十三名员工，他们几乎都是山西人。从他们的口中，我对厂子有了比较深入的了解。

1662 年，山西省太谷县人孟子敬来到沈阳投资兴建了义隆泉（后来更名万隆泉）烧锅。开业后凭借精湛的烧酒技艺和得天独厚的优良水质，烧锅备受欢迎。第一次世界大战期间，西方资本主义忙于在殖民地争夺权益的战争，暂时放松了对中国的侵略，使民族工业获得短暂繁荣。

1916 年，万隆泉烧锅已经是沈阳几家主要的烧锅酒厂之一，有资本三十五万吊（旧时钱币单位，一般是一千个制钱为一吊）。酒厂四十五位工人两班生产，日产白酒八百市斤（一市斤等于五百克）。为扩大白酒销售，烧锅于 1917 年在小津桥附近开办万隆醴分号，第二年 5 月又在大北关成立万隆和第二分号。两家分号的相继建立，使万隆泉白酒产量大增，产品除在本地销售外，还销往营口、辽阳、海城、盖平、大连等地，年平均销售白酒四十一万市斤。

九一八事变后，日本帝国主义出于统治需要一度放松了对民族工业的限制。万隆泉烧锅几经易主，发展得还算不错。

我记得当时沈阳有二十六家酒厂，分布在铁西区、皇姑区等地。因为在东北的日本人爱喝烧锅，他们自己也在铁西建了一家专门生产白酒的株式会社。可是，做惯了清酒的日本人哪儿模仿得了咱们中国的烧锅？尽管他们用的原材料也不错，但因为酿酒工艺不成熟，酿出来的酒味道不行。不光咱东北人不买，连他们自己也还跑来买咱中国人自己酿的酒呢。

我记得日本人挺爱喝我们厂子的酒，时常来厂里。每次他们出现，我们厂的主事赶紧拿出咱的酒递上去。当然，他们是不给一分钱的。后来，我听厂里的人说起这样一件事：九一八事变后，日本人请酒厂主人孟宪玉当“维持会”会长被拒绝。不久，日本兵就到厂里挑衅，找借口拆房子。孟宪玉带领工人们拼死阻拦，不但踢伤了一个日本兵，还用烟袋锅子打残了一个。气急败坏的日本兵杀了一个工人，还点燃了酒厂，随后把孟宪玉抓走了。孟宪玉从监狱里出来不久就含恨而逝。他的儿子孟庆棣当时是东北抗联战士，经常把厂里的酒送到部队给大伙取暖。后来，孟庆棣不幸被捕。即便如此，酒坊工人仍坚持秘密给抗联送酒。

到了 1943 年，因为粮谷统制政策限制，烧锅曾一度停烧。1944 年，日本帝国主义为了扩建“满洲工作机械株式会社”，将烧锅厂房强行拆掉三分之二，烧锅被迫停烧。

1945 年 8 月 15 日，日本投降以后，万隆泉烧锅在原址重新修建，并于 1946 年 6 月开始生产。如今的万隆泉已更名“老龙口”，采用更先进的生产技术酿造更好的酒，不但深受东北民众的青睐，还享誉全国。酒厂经过百年沧桑，几次易主，几次更名，几次被迫停产，但我们依然迎来了它的春天，一次又一次创造辉煌。我想，这与中国人民不屈不挠的反抗是分不开的。

（本文发表于 2015 年 10 月 26 日，选自《辽宁日报》）

白山黑水永记抗联战士英名

文／陆培法

九一八事变后，东北沦陷。但在白山黑水间，却有一支由中国共产党领导的队伍与日本侵略者奋战到底，它的名字叫“东北抗日联军”（简称“抗联”）。

1934 年至 1939 年的六年里，由杨靖宇将军领导的抗联第一军第一师，在辽东地区让日军闻风丧胆，他们抗日的英名永载史册。

2015 年 4 月中旬，在东北冰冻犹存的深山老林中，笔者开始寻访这些英雄们当年留下的足迹。

密营游击遗址前的追思

大石湖、老边沟风景区，距离本溪满族自治县县城六十五公里。这里山川秀美，林木茂密，是有名的旅游胜地。但最引人注目的，是风景区中部的若干处抗联遗址。景区正在对遗迹进行修缮，并在巨石上刻下抗联战斗记事和人物雕像。

1937 年 12 月，杨靖宇将军率领抗联第一军第一师在大石湖、老边沟打了两场载入史册的胜仗，共歼敌一百多人。复建抗联遗址时，当地老乡在大石棚下挖出一些碗片和两块铁铧，均为抗联将士当年在密营地用过的物品。

如今，当地在抗联将士战斗过的地方打造了一些半圆雕、浮雕、字刻等，以再现大石湖的抗日烽火，形成庄严肃穆的空间氛围。“回眸抗战时空，看风云滚滚；再现驱倭场面，听雷雨萧萧”，其目的是弘扬抗联精神、激发爱国热情。

本溪市党史研究人员李兵认为，依托深山中的密营打击日伪军，是抗联战士对游击战术的运用。

东北抗联史实陈列馆馆长张鹏一介绍说，1935 年秋，在杨靖宇、韩震的领导下，桓仁县老秃顶子山中大大小小的兵工厂、被服厂、医院、仓库等密营设施，陆续在深山幽谷中建立起来。有的密营里面还糊了棚，门前修了操场。在老秃顶子附近的草帽顶、黑瞎子望、碗铺等地，还建了许多小型密营。到 1937 年，老秃顶子

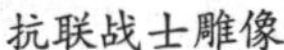
抗联战士雕像

山周围已建十多处密营，可容千人居住。此外，第一师还在本溪满族自治县老秃顶子附近的小冰沟、杨木顶子、洋湖沟、大网沟、碱厂、南营房等地，利用山洞、地窨子、窝棚等，建起了临时医院。

山坡上抗联遗迹的红色标志很清晰。我们在一处密营驻足很久：当年这里肯定不会是风景区，虽然树木可能比现在更茂密。抗联战士面临的不仅是荒寂的山沟，还有野兽、毒蛇，更难的是没粮吃、没衣穿，必须时刻提防敌人偷袭的严峻形势。他们就在这样的环境中，唱着革命歌曲，四处出击打日军。

抗联战士的居住条件极其恶劣，最难过的是冬季，大雪覆盖住原始森林，气温降至零下三四十摄氏度。为了有栖身之地又不易被敌人发现，抗联战士们建起了一种叫“地窨子”的房子。地窨子用原木垒成，一半地上，一半地下。为了取暖，地窨子中有火炉和土炕。为了防止火炉中冒出的烟被敌人发现，地下烟道要修出几里远，到达人迹罕至的地方。

我们不禁感慨，这种艰苦生活完全超出现代人的想象，可抗联战士硬是坚持下来，苦中求乐，坚持打日军，这就是抗联精神。

西征会议遗址的风采

从数公里外就看见笔架山山腰那个背倚绿树的纪念碑直指长空，徒步登临，青灰色石碑沉稳厚重。石碑上刻着“第一次西征会议遗址”。石碑的背面记载着：“1936 年春，杨靖宇将军挥师南下，4 月 30 日在梨树甸子痛歼汉奸邵部；5 月中旬率军直部队来到汤沟，视察和尚帽子根据地。抗联将士于露天温泉洗涤征尘，杨靖宇主持军事会议，传达中央红军北上抗日，进军察、绥的消息，布置第一师西征，与关内打通联系。6 月，军政治部主任宋铁岩、第一师参谋长李敏焕等率部西进……”

细细认读青石上这些凝聚着民族血气的文字，仿佛曾经发生在汤河岸边的历史事件从时间深处浮现在山下流淌而过的河水记忆中。

1936年6月，杨靖宇就是在这里与抗联第一军政治部主任宋铁岩等师以上干部召开第一次西征会议。若干年后，当地乡民出于对杨靖宇的敬仰，将他主持会议时坐过的石头称为“靖宇石”。

“杨靖宇就是从现在的汤沟南麓和尚帽子密营腹地的铺石河开始西征的。”张鹏一说。当地很多乡民都能讲上一段关于杨靖宇的抗战故事，他们以杨靖宇为骄傲。

笔者怀着崇敬的心情来到本溪满族自治县草河掌镇汤沟“东北人民革命军一军第一次西征会议遗址”。葱茏草木掩盖不了七十年前的壮志豪情，耸立的纪念碑诉说着那段国难家仇。

为纪念抗联西征的英雄壮举，本溪满族自治县于1985年修建抗联一军一师第一次西征会议纪念碑。纪念碑占地面积四千平方米，为省级文物保护单位。纪念碑北倚绿树掩映的笔架山、南傍清澈见底的汤河，由大小不等、形状各异、风格迥异的主碑、副碑、标志碑等组成碑群，气势宏伟，布局壮观，静谧庄严。主碑矗立在距河岸平面约二十米高的笔架山山腰，一块人工开凿的两重平台上，建有花岗岩琢成的石柱，用铁锁和钢管连接形成护栏。主碑碑座分为两重，主碑全高八米。碑身正面镌刻着“第一次西征会议遗址”，背面刻有“青史永存”四个大字。

距主碑后约五米处，是依山而建的一座《西征胜利歌》副碑，上面镌刻着由抗联一军总司令杨靖宇作词、一军秘书处处长韩仁和谱曲的《西征胜利歌》。“红旗招展，枪刀闪烁，我军向西征。大军浩荡，人人英勇，日匪心胆惊。”读着这些热血沸腾的词句，让人激动不已。

拜谒抗联史实陈列馆

东北抗联史实陈列馆坐落在辽宁省本溪市本溪满族自治县汤河东畔，位于本溪水洞、关门山国家森林公园、铁刹山风景区、五女山风景区等黄金旅游热线上，依山傍水，地势开阔，交通便利，环境优美。该馆2007年5月建成开馆，占地6.9公顷（1公顷约等于0.01平方千米），现已征集照片、史料、实物一千余件。

该馆是目前全国抗联史实陈列专题中规模最大、史料最全的陈列馆，也是辽宁省范围内第一个东北抗联题材的纪念馆。

陈列布展以“林海雪原，抗联英雄”为主题，以东北抗联重要历史事件、历史人物、历史战役为线索，通过大量的史料、照片、图表、文物、实物，以及东北抗联浮雕、场景复原、声光电展示手段等形式，全面、真实地反映了东北抗联十四年

东北抗日联军臂章

艰苦卓绝的斗争历史，生动地再现了东北抗联抗击日军的英雄壮举，热情地讴歌了抗联将士强烈的爱国主义精神和宁死不屈、百折不挠的民族气节。

笔者在该馆了解到，东北抗联一共建有十一个军，虽然最多时也只有三万多人，但到东北光复和抗战胜利后，牺牲的军级将领竟有三十八位、师级将领一百一十一位，实为世界军史所罕见，足见抗联斗争之艰苦、惨烈、悲壮。

那时粮食供给难以保证，抗联战士们经常饿着肚子与敌人打仗。日军为了困死抗联，强制推行“并屯”政策，村外围筑起土墙，拉上铁丝网，不许老百姓与抗联接触，违者以“反满抗日罪”逮捕杀头。抗联战士为了得到粮食，经常冒险下山与老百姓取得联系，但由于敌人盘查得紧，大多难以成功。没有粮食时抗联战士只能以野菜、蘑菇甚至草根、树皮充饥。而且他们不能生火煮饭，担心被发现。

东北抗联坚持了十四年的艰苦斗争，牵制了数十万日伪军，有力地支援了全国的抗日战争暨世界反法西斯战争。十四年后，是进入苏联境内的东北抗联战士引领苏联红军解放了东北。

[本文发表于2015年4月25日，选自《人民日报（海外版）》]

智取顽敌

文／中共黑龙江省委党史研究室

抗联在作战中，为了分化瓦解敌人，对日军和伪军采取了不同的策略。对日军是坚决打击、毫不留情；对一般伪军经常向其宣传“中国人不打中国人”、一致抗日的主张。俘虏伪军后，不打不杀，进行教育后释放回家，以此削弱伪军的战斗力，以心理战迫使他们放下武器；但对那些为日本侵略者卖命的顽固伪军则予以坚决打击。

抗联战士王传圣对抗联的对敌政策深有感触，他回忆了痛歼伪军邵本良的那场战斗：

提起邵本良，南满人民没有一个不咬牙切齿的。

邵本良原来是一个胡子头，干了二十多年土匪，还做过东北军的团长。九一八事变后，他摇身一变，又成了伪军的团长。日军看他是个忠实的奴才，不久就让他做了东边道的少将、“剿匪司令”。他诡计多端，对付他比对付日军还棘手。日军虽然枪好、炮多，但打山地游击战不行。我们瞧准个机会就狠狠地揍他一顿，然后往原始大森林里一钻，他就找不着了。邵本良可不同，他是钻山林的老手。他的兵多是土匪出身，每人一把刀，一进林子就砍路标，怎么转，也迷不了方向，总能找到路。冬天下了雪，我们跟日军打完仗，钻进林子，把雪地上的脚印一扫，日军就跟踪不上了。可是，这办法瞒不住邵本良。就是把脚印扫掉，他还会找上来。所以，抗联一军和他打了三年多，才把他消灭掉。

我是1935年春天参军的。这年8月，杨靖宇下了决心，要集中主力打柳河，歼灭邵本良的老七团。部队都调动好了，正要开始向柳河进攻，邵本良发觉了，赶快从三源浦往柳河增兵。杨靖宇改变计划，暂不攻城，将部队西撤。两天后，敌人从县城跟踪过来，敌我双方在一条山岗上打了一仗，敌不支而退回。我军来到柳河县黑石头地区，邵本良的伪军又跟踪而来。杨靖宇下令在黑石头沟里设下埋伏。把

敌人放进我军埋伏圈，打他个措手不及。邵本良只顾跟踪追赶，没考虑到这步棋，他的两百多人就这样在黑石头被歼灭了。这一次，邵本良大伤脑筋。日军刚发给他的一门小钢炮、几挺机枪，全都装备了我们。据说日军指导官知道了这事，大骂邵本良。

更使邵本良伤脑筋的事，是在这年9月。

一天，杨靖宇得到情报，邵本良伪军第七团要从柳河县孤山子移防八道江，军需给养由刘副官带领一个连护送。杨司令决定在他们必经之路金川县境内朝阳沟设伏截车。结果，几十辆大车全部被截下，押车的一连伪军也被歼灭。连邵本良的小老婆也当了俘虏。只是那个刘副官穿着伪军服装，和尖兵一起走在最前面，算是侥幸跑掉了。不过，在不久以后我军歼灭邵本良伪军团部的一次战斗中，还是把他抓住了。

1936年2月，我们去袭击驻热水河子邵本良团部。教导一团组织了一个由二十五人组成的手枪队，军部和机枪班配合行动。按照我们的内线——邵本良的马夫提供的情况，我们于半夜一点多，首先摸进中心炮楼，控制了全街，接着过路南，闯进伪军团部。只见团部屋里吊着保险灯，照得通亮，南北炕上睡着六七十个伪军士兵，只有几支枪。我们问他们刘副官在哪儿，谁也不回答。我们几个小战士吓唬他们："不说拉出去枪毙！"果真我们拉出去一个伪军士兵，打了两枪，吓得他们赶紧说："刘副官在屋里，谁也不敢讲，枪全在枕头底下。"再问哪个是刘副官，一个伪军士兵说："弓着腰，高个子，长脸大下巴，戴眼镜。你们可不能放他，从朝阳沟回来，我们每人挨了他四十军棍。"我们进屋后，看到确实有个大高个子，穿的是不大合体的伪军服装。我们把他绑起来审问，结果他承认是刘副官。我们把枕头底下的枪全部缴了，还在后院抓住了这个团的副团长，并且缴获了许多大米、白面和布匹。只是邵本良因为去通化开会，拣了一条命。

我军又撤回到河里地区的密营，这里四面都是望不到边的森林，是一个休整练兵的理想地方。这时积雪开始融化，大地已经转暖。3月10日那天，杨靖宇把我找去，对我说："小王，你到通化去一趟好吗？"听说去通化，我心里很高兴。我问杨司令："是去买东西吗？"

"不，你去找王德裕，看看他又得到了什么新的情报。"杨靖宇又嘱咐了一些话，给了我十块伪币，我就起身了。

王德裕原是人民革命军的一名指导员，潜伏在通化的一所中学里，做党的地下工作。我赶到通化城西门外，在一个小店里和他接上了头。关于邵本良内部的情况，大都是他提供的。他是通过邵本良第七团第四连连长得到的情报。那个连长，也是我们的内线。

第二天，王德裕和我见面，那个连长也来了。他告诉我邵本良刚从沈阳开“讨伐”会议回来，很快就要发动进攻。他说，邵本良已对日本三毛司令夸下海口，说要在三个月内全部肃清东边道的人民革命军。日军除了给他一个迫击炮连，派飞机配合行动，还调动了许多股伪军归他指挥。

我一听，感觉情况很严重。可是想一想这几年和邵本良的斗争，又觉得好笑。邵本良这个走狗，真是自找死路。

我没敢在通化城里久留，星夜赶回部队。见了杨司令把情况一说，他微微地点了点头，笑着说：“邵本良胃口倒不小！小王，你说该怎么办？”

我说：“要狠狠地揍他一顿！”

“对，要狠狠地揍他一顿！”杨靖宇握握拳头，又说，“不光是揍他一顿，要揍得他再也爬不起来。”

军党委连夜开会。首长们围着地图，一会儿高声讲，一会儿轻声说，一会儿又都静悄悄的。我们这些做警卫员的，也都暗暗叨咕：这一次邵本良不知又要在何时何地挨棍子了。

第二天，整个部队紧张起来，轻装，换军衣，全副武装演习爬大山。交通员像小燕子似的飞来飞去。

4 月初，我军在龙岗山西麓二道崴子，歼灭了奉天骑兵教导团一部后，邵本良的主力全部跟了上来。我们一些人嘀咕：“看样子，这回要和邵本良来个大决战了。”谁想到，敌人刚靠上来，我们就转移了。

走了一夜，又走一夜，不住脚地紧走。战士们有些想不明白了：怎么一直走不打呢？这天出发之前，军部的徐处长讲话说：“同志们，没利的买卖，我们是不做的。这次敌人的胃口很大，计划要吃掉我们的一师，吃掉我们的军部，而后分别围歼我磐石、桦甸地区的二师，桓仁、本溪地区的一师。敌人把山海关地区的日军和奉天野炮营都调来了。军党委决定，目前我们的任务是两个字，‘走’和‘拖’。”

日本关东军南满少将司令三毛，见我军只走不打，便调集了一个旅和两个团，向我在老秃顶子地区的一师进行包围。目的是叫我们去救援，在那里和我们决战。

杨靖宇率部真的按三毛的计划转头北上了。部队不顾连日的倾盆大雨，急向老秃顶子开进。敌人发现我军掉进了“圈套”，从背后猛追，还派飞机“送行”。岂不知，我们只是绕老秃顶子悄悄地转了一个圈。就在这次佯动中，一师也从老秃顶子跳了出来。

军部和一师队伍在宽甸县内的佛爷沟门会合后，首长们整天开会，部队又开

始准备干粮。休息了几天，又开始行动。今晚向南走二十五公里，明晚又向北走三十公里。那些天，连我们也走迷糊了，怎么搞的？真的被敌人包围了吗？忽南忽北，忽东忽西，是不是走不出去了？敌人的报纸上也登着"'共匪'南北运动，难逃天罗"。

4月中旬，我们又向西行进，有时一天行程百余里。住下没等吃饱饭，邵本良就从背后赶到，又开始走。一路上，不断地丢些衣物、饭菜，借了老乡家的碗筷之类的东西，有时也来不及送还，只留下张纸条："老乡们，情况紧张，所借之物，无暇奉还，请你们自己认领吧！"事后才知道，这一切，都是故意制造的假象。但是敌人竟信以为真了，报纸上天天登，说我们"溃不成军""末日来临"。邵本良更是争功心切，带着他的部队穷追不舍。

4月末，我军来到本溪以东赛马集山区。拂晓时，杨司令集合部队讲话："同志们，咱们走了近二十天，不走了。大家说不走该干什么？"

"打！"战士们几乎是同声喊着。

"对！打。"杨靖宇微笑着说，"很早就和大家说过，咱们有四不打。第一，地形不利不打；第二，不击中敌人要害、不能缴获武器不打；第三，要我们付出很大的代价不打；第四，对当地人民损害大不打。现在的情况是高山隘路，居民不多，敌人疲惫，打的时机成熟了！"

"歼灭邵本良""痛歼老走狗"的口号声，在队伍里响起。看地形、修工事、擦枪磨刀，在梨树甸子沟里布成了口袋阵。万事准备齐全，只待敌人到来。

第二天上午，邵本良和他的日本顾问英俊志雄，率领着一个先头营，疲惫不堪地赶到了。一进伏击圈，我们的机枪、手榴弹就"欢迎"开了。一师三团马上扎上口袋，断敌退路。邵本良的伪军只得拼命往沟里冲，又迎头被一师六团的机枪打了回来。教导一团及一师少年营拦腰将敌人斩成几段，我们集中火力打，敌人死伤惨重。最后，我们端着刺刀杀下去，"缴枪不杀，优待俘虏"的喊声震撼山谷。坚守北面制高点的少年营的一个排长，见山下打得紧，忍不住了，留下一个班守山头，带领两个班冲下山去抓俘虏。邵本良趁此机会拼死攻下了制高点，带着二十多人逃跑了。但是他的脚后跟却被子弹打中，受了伤。日本顾问英俊志雄则是躺在死尸堆里装死逃脱的。这次战斗打了近四个小时，歼灭了邵本良的一个营，还缴获了敌人的一部电台。

邵本良回沈阳治好脚伤，又带着日本主子发给他的八挺机枪、一团人、三个月的军饷和夏季的服装等给养，准备于8月初返回八道江。杨靖宇又在他必经之地四道江设下了埋伏。我们的一部分伏兵就隐藏在老乡的黄瓜地里，等着邵本良的几十辆大车给养队的到来。这次邵本良由二十多名骑兵保护着，跟尖兵在一起走。因为大车还没有进入伏击区，眼睁睁把邵本良放过去了。大车只进来十余辆，有的伪军就跳下车，到黄瓜地里摘黄瓜。他们差一点碰到我们架在黄瓜架下的枪口上，我们只好提前开火了。后边的大车见势不妙，掉头跑回去了。邵本良听见枪响，跑进一户朝鲜族人家抢了件衣服换上，扔了战马就跑，恰巧被我军一个连长的小警卫员发现了。他拎着十三响的撸子就在后边追，边追边喊“站住”，追出一里多路，十三颗子弹打光了，还是没有追上邵本良。日本顾问英俊志雄又想用老办法混过去，被我们在打扫战场时发现，大家一阵乱枪，将其击毙。

邵本良虽然又逃跑了，但他却完全失去了日本主子的信任。据说，日本人这次对邵本良大发雷霆，责问邵本良为什么杨靖宇专门打他，还大骂邵本良的良心“大大的坏了”。从此以后，邵本良这个臭名字，在我们作战对象中，再也不出现了。

（本文选自中共黑龙江省委党史研究室编写的《东北抗联纪实》，黑龙江人民出版社，2010）

中华儿女鲜血染红白山黑水

——东北抗联老战士李敏的传奇故事

文 / 刘建伟　陈立涛

“强敌东来侵我国疆，施残暴，如疯狂，白山血染红，黑水遗恨长……”5月13日，激昂豪迈的旋律从哈尔滨鞍山街一座幽深的院落传出，听得笔者热血沸腾。走进院子，出席俄罗斯纪念卫国战争胜利70周年庆典刚刚归国的九十二岁抗联老战士李敏正放声歌唱。

李　敏

谁能想到，这个看似孱弱的老人，竟是当年抗联队伍中最小的女兵之一。她在苏联受训成为中国首批具备伞降能力的女特种兵，并参加了苏军对日军发起的最后一战。1995年，俄罗斯政府授予她朱可夫勋章和“卫国战争”胜利50周年纪念章。2010年，她荣获哈尔滨市“百年风采女性”荣誉称号。2014年9月3日，习近平总书记亲切接见了她。

走近老人，聆听故事。从这位充满传奇色彩的巾帼英雄身上，我们看到了当年抗联将士的英勇无畏，领略到了中华民族的顽强精神和不屈脊梁……

十三岁参加抗联——抗联队伍中最小的女兵之一，曾参与生产抗联军服

“你认识他吗？”

一见面，李敏就递过来一张翻拍的黑白相片。相片有些模糊不清，只能看清是一个身着黑色衣服、面容清瘦、留着胡须的老人。

年轻时的李敏

李敏告诉笔者，七十九年过去了，如今她一想起参加抗联的经过，就会翻出这张相片来看。她永远无法忘记这个亲手把自己送进抗联队伍的人——抗联老交通员李升。

九一八事变发生后，李敏参加了抗日救国儿童团，参加抗联成了她当时最大的心愿。1936年冬，她在汤原县板场子屯见到了李升。李升把她送到抗联六军四师营地，安排在被服厂工作。

“虽然我年龄小，可在被服厂同样干过大事。”李敏深情地抚摸着一顶八角帽，自豪地说。很多人都不知道，当年，就是她和被服厂的姐妹们，仿照苏联红军的帽子，一针一线给抗联官兵生产了军帽。

她回忆，在当时的恶劣环境下，制作军服非常困难，最大的问题就是布料来源。因为城市乡镇被占领，敌人又始终对抗联进行封锁“围剿”，还得不到任何官方补给，想大规模生产或采购布料根本不可能。

“当时的布料啥颜色的都有，最难得的是红色。”李敏对此印象深刻，“对有限的红布，除制作军旗外，就制作军帽的五星和袖标领章。实在没有红布时，我们就用红桦树皮或秋天的红树叶代替红布料，来保持抗联队伍是党领导的人民子弟兵的形象。”

就是穿着这样的服装，抗联在极为艰苦困难的环境中顽强战斗，跟日军浴血搏斗，消灭了十八万日伪军，有力地配合了全国抗战，配合了世界反法西斯战争。

白山黑水抗击日军多年——多次孤身奋战林海雪原，一场战斗全排只有她一个人成功突围

“你知道怎么在林海雪原活下来吗？”

尽管已经过去了七十多年，但李敏对当年抗击日军的一幕幕情景仍记忆犹新。她告诉笔者，抗联战士不但遭到强大敌人的追击围攻，还常常受断粮、断药的威胁，忍受饥饿的煎熬。尤其是冬季，天寒地冻，缺衣少食，斗争更加艰苦，部队经常在饥寒交迫中与超过自己十几倍、几十倍的日军周旋苦战。

林海雪原抗击日军八年多，李敏可谓身经百战。可有一次战斗她至今难忘，因为女兵排只有她一个人突围出来。

1938年冬天，一场大雪覆盖完达山山脉。日伪军趁着大雪，进山对抗联部队进行“围剿”。一天，被服厂和医院被日军包围，指导员裴成春在阻击中身负重伤，她对李敏等人说：“你们快走，我在后面掩护！”

当时，西面是悬崖绝壁，数丈深渊；南面是又宽又长的雪沟子；东山较近，有树木可以隐蔽。李敏蹚着没膝的积雪开道，却没见人跟上来。她转身一看，发现本来跟在身后的战友又被包围了。不远处一个骑马的日本军官马刀一指，“嗒嗒嗒”一梭子弹打来。李敏机智地滚进一个雪窝子里隐蔽起来，才得以虎口脱险。这次战斗，一个女兵排只有李敏只身突围出来。

听着老人的讲述，七十多年前的枪林弹雨仿佛就在眼前。“那一天，烈士们的鲜血在茫茫雪地上染出了一条殷红的路。”李敏含泪告诉笔者，这个突围的悲壮故事，后来被编写成歌剧《星星之火》，裴成春等英雄儿女的形象感动了千万人。此剧的主题曲至今流传：“革命人永远是年轻，他好比大松树冬夏常青……”

抗战时期的李敏

九死一生转战苏联——成为中国首批具备空降能力的女特种兵，曾参加苏军对日军发起的最后一战

“你知道吗？我的军衔是准尉！”

退休前已是黑龙江省政协副主席的李敏，特别重视自己曾经的另一个身份：中国特别旅的准尉。

李敏告诉笔者，抗联中，有一支传奇的部队，它成立于苏联远东的维亚茨克小镇，成员大都是撤退到苏联的原中国东北抗联官兵。他们接受苏军提供的服装、武器，按照特种部队的标准进行训练，甚至使用了与苏联军队相同的军衔制度。

“我就是其中的一员。”老人告诉笔者，经过数年苦斗，三万余人的抗联队伍，只剩下千余人。在共产国际和苏联共产党的帮助下，他们退到苏联境内休整，编为苏联远东军第八十八步兵旅。

在那里，李敏接受了军事训练和政治文化学习，包括各种武器的使用、冬季滑雪游泳训练、通信技术、前线救护、铺设铁丝网、翻越障碍、战斗行军队形编组、行军警戒的派出搜索、架设电话线、耐寒训练，以及武装泅渡等。

“课程由苏军军官担任教官，不仅要求我们射击百发百中，而且还要求熟悉应用游击队的战术和一些战略战法。”老人介绍说，在苏联接受特种训练，特种空降是一种危险的实践训练科目，在高空一旦降落伞不能有效打开，就会发生意外。

回国后，李敏先后完成侦察、通信联络、破坏敌占区桥梁铁路仓库等多项任务，还参加了摧毁日军黑河军事要塞的作战行动。

百战余生，老人特别怀念那些长眠在异国的战友。抚摸着朱可夫勋章、“卫国战争”胜利50周年纪念章，李敏激动地说：“这些奖章，属于每一位抗联战友……”

（本文发表于2015年5月18日，选自《解放军报》）

黄殿军：最后一位抗联传令兵

文／周树广　蒋德红

临走的时候，黄殿军说："现在不打仗了，国家富裕了，生活真幸福啊！因此，那些英雄为了今天所付出的牺牲，你们更不能忘却了……"我告诉老人清明节的时候去杨靖宇的牺牲地祭奠过，老人的眼睛一下子就湿润了，他缓缓地举起右手，敬了一个礼……

黄殿军

十三岁参加抗联，直接对日作战五年，十余次受伤，至今体内还留有弹片……八十多年过去了，如今已九十三岁高龄的抗联老战士黄殿军虽卧床不起，思想有时模糊，但谈起当年与杨靖宇、魏拯民共同抗击日本侵略者的岁月，依然清晰如昨："我到死也不会忘记日本人的残酷暴行啊……"

不久前，笔者来到白山市靖宇县龙泉镇龙东村黄殿军家，采访这位八十多年前抗击日军的抗联英雄。虽然黄老已瘫痪卧床一年有余，说话也不及前两年那样清晰，但通过他的讲述以及子女的回忆，让我们看到了这位老战士当年的英雄壮举。

最得意的事就是打日军

"我这一生，值了！最得意的事就是打日军，参加了抚松三道庙岭战役。"在龙东村一座平房里，九十三岁的老兵黄殿军娓娓讲述不朽的抗战记忆，眼神里闪烁着别样的光芒。

日军入侵黄殿军家的村子不久，就施行烧光、杀光、抢光的“三光”政策。乡亲们都要集中起来，不服从就枪毙或者放火烧。一天傍晚，黄殿军的二弟回来和他说：“哥，我看见红军了。”黄殿军说：“那你怎么不去干呢？”弟弟说：“我才十岁，人家不要我。”

他二弟见到的这支队伍，是东北人民革命军第二军。1935 年的一天，黄殿军和父亲上山打柴时巧遇一队军人。其中一个穿呢子军衣的人问他：“龙泉有多少‘警察’？”黄殿军说：“四十多个。”又问：“你怎么知道？”黄殿军说：“我恨他们，就想看看他们有多少人。早晨跑步时，我数了数是二十多对。”这人眉头一展问他：“愿意跟我们干吗？”黄殿军毫不犹豫地大声回答：“愿意。”随后，他回头对父亲说：“爹，我不回去了，我打鬼子去了！”

就这样，黄殿军加入了东北人民革命军第二军。后来，他才知道跟他说话的军人就是军政委魏拯民。再后来，他被分到第二军第二师，师长是曹亚范。

1936 年，东北人民革命军改编为东北抗日联军，活跃在吉林的抚松、庙岭、濛江、吉安、辉南一带。加入抗联后，黄殿军几乎每天都跟着部队打仗。黄殿军打的第一个大仗就是攻打抚松三道庙岭。

那是敌人的大据点，驻有百十来人，修有一丈五六（1 丈约等于 3.33 米）高的大城墙，每一个城门上都有一个炮台，戒备森严。

由于在敌人内部有地下工作者的策应，队伍开到三道庙岭不远的原始森林里隐蔽下来。四五天后，地下工作者送来情报，攻打据点的时机到了。

那晚，由于大门被敌人把守无法打开。策应人员就从城楼上放下绳子，爬上十多个人后，跳到院子里，占领四个大门。随后，大门一开，大部队才进去。那房子南北是炕，炕上都是兵，中间是枪架。

在这场战斗中，抗联队伍无论从人员数量还是武器装备上都逊色于敌军，于是他们采用了“出其不意，攻其不备”的战术，打了敌人个措手不及。

靖宇县人武部政委慰问抗联老兵黄殿军

“有个机枪射手叫吴米三，他抱着马克辛机枪，闯进屋里就朝炕上一槽子，等我闯到那个屋里头，那地上敌人的血都没脚面子了。”

被攻下的那个仓库里头，全是成箱的新枪和弹药，光机枪就四十多挺。这次的战斗结束后，光是往外运战利品就运了三天三夜……

现在黄殿军头顶上的刀疤，就是在那次战斗中和敌人肉搏时留下的，眼角下的疤痕，是被炮弹片崩的，腿上也被子弹打穿过……

苦日子里成长的是精神

零下四十摄氏度的严寒，冻得树枝都嘎嘎作响。齐腰的积雪，被寒风打磨成了锋利的冰刀，战士们前脚踩进去，一挪步，衣服裤子就被割破，战士们只能将乌拉草砸烂后，绑在身上御寒……

黄老回忆说，那段时间，抗联特别苦，遭受的磨难，是常人无法想象的。在战场上饥一顿饱一顿更是常事，有一次被敌人围困，七天七夜粒米未进，在枪林弹雨中活下来实属不易。“况且，我们装备比日军差，很多人没有枪，得从日军手里抢。抢到枪也没用，没有子弹啊……”

黄殿军

他们在密林里不怕过夏天，就怕过冬天。那段时间，战斗天天打，夏天的仗还好打些，不仅随便找点什么就能充饥，还能隐蔽自己。钻树林子敌人也钻不过他们，他们在暗处，日军在明处，来多少都能把日军消灭。但到了冬天，森林里大雪没膝，走路很不方便，脚印也常常暴露踪迹。天上是飞机，地下是部队。飞机一发现他们的踪迹，日军就会从四面八方往这发兵，目的是打包围仗，抗联往往因此损失惨重。更艰苦的是没有吃的，有时候只能煮干硬的玉米粒充饥，甚至煮没去皮的谷子吃；没有住的地方，战士们就砍下松枝睡在上面，睡十几分钟就冻醒了，又赶紧起来烤火。天气恶劣，很多战士被冻伤，伤病致死的战士甚至比因战斗而死的战士还要多。

后来，黄殿军成了第二军政委魏拯民的一名传令兵，有时要把第二军的情况传递给第一军，因此，他就有机会见到抗联第一军军长杨靖宇了。

杨军长高大魁梧，目光炯炯有神，说话声音洪亮，特别能鼓舞人。他对战士都像对待自己儿女、兄弟一样。当时在抗联队伍中，黄殿军年龄最小，但是能吃苦，人又机灵，大家都很喜欢他。

一次，黄殿军送信到第一军军部，杨军长正在教他们唱抗联第一路军军歌，当时黄殿军学了三遍就会了。杨军长看他学得这么快，就摸着他的头说：“哎，这小黄孩儿，做个好宣传员。”于是，“小黄孩儿”就叫开了，《东北抗日联军第一路军军歌》也深深地刻在了黄殿军的脑海里。

传令兵在平时的任务就是学写字、唱歌，打仗时候用着了，就需要把通知命令传送到上级或者下面的单位。传令兵挺危险，就一个人，半路上一旦遇见敌人，那真是九死一生。

1939 年秋天，面对抗联部队对侵略者的反击和节节胜利，日本侵略者调集了七万五千兵力，疯狂“围剿”第一路军。日军把老百姓都集中到一起看管，防止老百姓给抗联提供粮食、衣物。大批日军对抗联部队实施围堵，残忍地杀害抗联战士，还悬赏捉拿杨靖宇等抗日将领。他们发布告示说，谁把杨靖宇打死，一斤肉就给一斤金子，一两骨头给一斤金子，有多少肉有多少骨头就给多少金子。

面对这种险恶形势，杨靖宇决定，保存实力，将部队化整为零，实行分散游击。作为传令兵的黄殿军，肩负的责任比以前更加重大也更加危险了。为了将首长的命令及时地传达到各队，他经常冒着生命危险穿越敌军封锁线。

一天，曹亚范师长有紧急军令要传出去，先前去的四个传令兵，都一去不回。怎么办？师长把目光投向了黄殿军：“小黄孩儿，你去一趟吧！”黄殿军知道这次任务特别艰巨，所以认真地点了点头，接过了任务。就在他刚刚敬完军礼，拔腿想走时，师长叫住了他，并从兜里掏出了五排子弹，告诉他千万要小心。

黄殿军刚一下山，跑了没几里路，就遇上第二中队的三个人，一个指导员，一个机枪射手，加上班长，全都受伤了。他们看见黄殿军就说：“这不是传令兵吗？中队长牺牲了，就剩我们仨了。”黄殿军说：“你们快往山顶上撤，我来掩护！”这时，有五六个日本兵发现了黄殿军，冲了上来。黄殿军躲到树后面，等他们只离二十多米远时，扣动扳机就打，把他们全给撂倒了。不久，他就觉得腿像被棒子打了一下似的疼痛难忍，一瞅，腿上鲜血直流，他趴在一个小土包下再也站不起来了。他心想，这回真要死了。他把剩下的十发子弹都装好，把两颗手榴弹摆好，准备决一死战。突然，他听见脑后枪声响成一片，心想这回没救了。猛然就听到有人喊他的名字。回头一看，原来是接应他的战友到了。消灭了敌人后，他们把黄殿军背回了师部。

在这场激战中，黄殿军击毙了十几个日本兵，还受到了师长的表扬。

靖宇将军永远在心中

1939 年冬，敌人开始了在长白山区的疯狂“扫荡”，抗联的生存环境更加艰难。为保证信息及时传达，有个地下工作者在湾沟部落开了个粉房，借故收土豆。1940 年 2 月的一天，魏军长临时派黄殿军带四个战士到湾沟部落收土豆，他一再嘱咐黄

殿军，收完土豆后，马上与他联络。黄殿军他们收购土豆挺顺利，然后就到联络的地方找首长，去了一趟没人，再去还是没人，一连二十多天，都没有看到首长。直到有一天，从日本飞机上撒下来的小报上看到杨军长的头像，上面写道："你们军长叫我们打死了，你们没有出路了，赶紧投降吧！"

最初，他们看到这个宣传单，都不相信，以为又是敌人在造谣。因为以前这样的事也不止一次两次了。每次敌人说杨靖宇死了，没几天杨军长又骑着高头大马，神采奕奕地出现在战士们面前。在抗联战士心里，杨军长是打不死的英雄。

可是，几天后黄殿军和战友们进城时，亲眼看到了杨军长的头颅被挂在城墙上，战士们都不敢相信自己的眼睛。这回，杨军长是真的牺牲了。回到藏身地，大家抱在一起失声痛哭……

一年后，把黄殿军带进革命队伍的魏拯民也因叛徒告密，寡不敌众而壮烈牺牲。没有了首长，黄殿军他们边打边撤，隐蔽作战。日军便大肆"扫荡"。他们则化整为零，转入地下，搜集敌情，不定期地组织起来进行抗战。后来，黄殿军回到家乡坚持斗争，直到抗战胜利。

在黄殿军心里，杨靖宇一直是大英雄，不管是在第一军，还是在第二军。七十多年过去了，黄殿军再也没有走出过这座大山，他舍不得离开这片当年和杨军长一起战斗过的土地。

以前，身体硬朗时，每隔一段时间，黄殿军都要去一趟杨靖宇将军殉国地，去拜谒一下老首长，和老首长唠唠嗑。当年一同战斗的岁月仿佛又回到眼前。尤其是每到将军祭日时，他都会去将军的纪念碑前，去将军殉国的那棵老树下，给将军上炷香，感谢他带领大家抗击日本侵略者，感谢他教育自己要听党的话跟党走，做一个爱憎分明的人。

黄殿军说，尽管他只有五年的抗联经历，只扛了五年枪，打了五年日军，但这是他一辈子都无法忘却的岁月。有很多人见黄殿军生病了，都劝他说参加过抗联的老兵，按国家有关规定，可以向国家要待遇。但是每每提起，都被黄殿军拒绝："你们没打过仗，没见过同生共死的战友倒在自己身边的那种情形，哪里能懂我的感受？我能活下来已经是很幸运了，很多战友为了打日本鬼子牺牲在战场，没有看到最后的胜利，没有过上现在幸福富足的生活。想想他们我还有什么不知足？"

"小伙子，你看门前那座大山，那就是杨军长的家呀，这山山岭岭一草一木，都染过我们抗联战士的血呀，我得守着它，我舍不得离开他们……"

黄殿军对我们说，前不久他还梦见了杨军长、曹师长，还有一些叫得上名字、叫不出名字的战友，他们背着很多很多枪。他问他们：“背这么多枪，又要去打哪儿呀……”

图为三十年前战友聚会的照片，现在只有黄殿军一人健在（前排右一）

“现在不打仗了，国家富裕了，我吃得好穿得好，享了那些牺牲的战友们没有享过的福，生活真幸福啊！所以，那些英雄为了今天所付出的牺牲，你们更不能忘却了……”

采访结束了，但是黄殿军老人的话却久久萦绕在我们耳畔。

（本文选自军报记者网）

杨靖宇牺牲瞬间怒斥：谁是抗联投降的，滚出来

文／张天南　牛　辉　张　健

长白山下，松花江畔，一个美丽的小县城，名曰“靖宇”。

提到靖宇，第一时间就会想到东北抗日联军第一路军总司令杨靖宇将军。二十世纪三四十年代，杨靖宇领导东北抗联部队与日军殊死搏斗，在这里书写了荡气回肠的抗日诗篇。

抗日战争胜利后，为纪念这位抗日民族英雄，1946 年，东北民主联军通化支队改名为杨靖宇支队，吉林省濛江县改名为靖宇县。英雄壮举，浩气长存，当地政府把将军殉国地建设成园林式的公园，供人们景仰敬拜。

杨靖宇

用兵如神，他是日军的“心腹大患”

“九一八，大炮响，小鬼子，占沈阳。蒋介石下令不抵抗，扔下百姓遭了殃。不是下令要劳工，就是强征出苛粮。逼得人们没活路，上山去找大老杨。”这是一首在靖宇县流传甚广的民谣，“大老杨”说的就是杨靖宇，那是东北民众对他的昵称。当年他和战友们浴血抗战，牵制了数十万日军入关南犯。

然而，在敌人眼中，杨靖宇却是挥之不去的“心腹大患”。“敌人为啥非得置杨将军于死地？因为他用兵如神，只要有他在，小鬼子睡觉都不踏实。”抗联老战士黄殿军回忆起当年的抗战岁月，仍心潮澎湃。

位于靖宇县的杨靖宇雕像

黄殿军如今已年过九旬，家住靖宇县龙泉镇。“当时敌人对杨靖宇真是又怕又恨。”黄殿军说。1939年，日本侵略者发动了伪通化、间岛、奉天“三省联合大讨伐”，由关东军第二独立守备队司令官野副昌德统一指挥两万余人，专门“剿杀”杨靖宇领导的抗联部队。“据说当时野副昌德下了命令，如果同时遇到山林队和抗联，就打抗联放过山林队；如果遇到杨靖宇和其他的抗联队伍，就放过其他，死死咬住杨靖宇。”黄殿军掰着颤抖的手指告诉笔者。

1939年的冬天，格外寒冷。此时，一张陆空交织的大网，正一步步向杨靖宇撒开。面对敌人的疯狂“剿杀”，杨靖宇部队决定化整为零，分散突围，待机重新集结。靖宇县杨靖宇精神研究会会长李立斌介绍说：“1939年12月24日，杨靖宇身边尚有四百余人的抗联部队，到1940年2月2日就只剩二十七八个人了。2月18日，杨靖宇身边的最后两名警卫员在濛江县附近向群众购买粮食和衣服时被捕，敌人从他们身上搜出杨靖宇的印章，判断他可能就在附近，于是增派兵力和飞机展开围捕。”

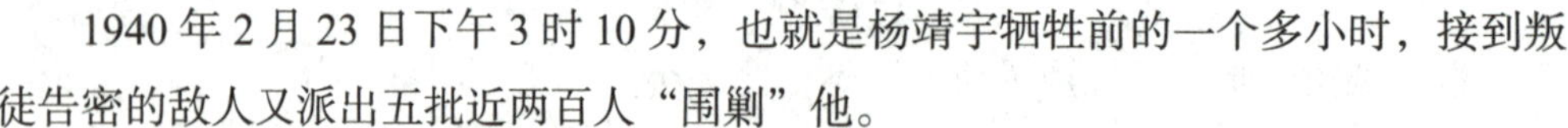

1940年2月23日下午3时10分，也就是杨靖宇牺牲前的一个多小时，接到叛徒告密的敌人又派出五批近两百人“围剿”他。

“敌人心里明白，杨靖宇身经百战，他们不多派日军是根本斗不过‘大老杨’的。”李立斌说。

为了抗日，他吃的苦常人难以想象

“火烤胸前暖，风吹背后寒。”这是杨靖宇自己创作的歌词，也是抗联将士们奋战林海雪原的真实生活图景。

1940年2月23日10时左右，杨靖宇踏着没膝的白雪，来到濛江县保安村三道

崴子林中，遇到四个进山打柴的农民。由于行动不便，他将购买吃穿用等事委托给他们。

“那时他已五天五夜粒米未进，周围还有几百个敌人在全力围捕。”李立斌介绍说，1939 年冬天，杨靖宇领导的抗联部队在濛江县境内浴血奋战了九十四天，别说吃口饱饭、喝口热水，就连踏实睡上一觉都是一种奢望。

杨靖宇将军殉国地的对面有一家门脸不大的饭店，饭店经理刘国良九年来执着地做着一件事：凡是专程赶来拜谒、祭奠杨靖宇将军的客人，在饭店用餐全部免费。

“那时储存抗联过冬物资的密营几乎都被敌人破坏了，冬天根本找不到吃的，莫要说粮食，就连草都埋在两三尺深的积雪里。”身为东北义勇军的后代，刘国良这些年一直担任杨靖宇将军殉国地的编外解说员，“现在生活好了，想吃点儿啥都行。可当年抗联战士吃的是树皮、棉絮和草根。吃树皮得先把老皮刮掉，把那层泛绿的嫩皮一片片削下来，放在嘴里嚼。我曾亲自试过，根本咽不下去，就是勉强吃下去了，肚子里也不好受。”说到这里，这位身材魁梧的东北汉子禁不住泪洒当场。

杨靖宇牺牲后，日本侵略者始终无法理解的是：自 2 月 18 日以来，他已被围困在冰天雪地里，完全断粮五天五夜，他究竟靠什么生存？为了解开谜团，敌人残忍地将他剖腹查看，发现他的胃里尽是枯草、树皮和棉絮，竟无一粒粮食！连参与“围剿”的伪通化省警务厅厅长岸谷隆一郎也不得不承认：“虽为敌人，睹其壮烈亦为之感叹，大大的英雄！”

血战到底，他把最后的子弹射向敌人

杨靖宇将军纪念碑的护碑亭下，长着一棵青松。

靖宇县人武部部长杨建国介绍：“当年，杨靖宇与敌人作战时背靠的是一棵扭筋子树，就是这棵树的位置，后来干枯了。”二十世纪六十年代，为纪念将军，靖宇县人民在此栽了这棵针叶松，起名常青树，寓意将军壮志如松柏常青，永留人间。

人民英雄杨靖宇同志殉国地的纪念亭

杨靖宇青年时代的照片

杨靖宇当年的联络员于会斌已去世多年，他的女儿于勇告诉我们："尽管敌人用了很多手段来'围剿'杨靖宇，但杨将军仍然有机会脱身，可最终他还是选择与敌人血战到底。"

面对敌人的疯狂"围剿"，杨靖宇丝毫没有动摇自己的抗日决心。《抗日名将杨靖宇》一书中有这样一段记载：1935 年 5 月，杨靖宇在辉南县石道河子召开会议，专门研究粉碎敌人"大讨伐"的对策。主张撤退的同志提出两个方案，一是部队向苏联转移，形势好转后再回来；二是杨靖宇带司令部隐蔽到长白山深山老林里，其他部队留下打游击。

"这两个方案都被杨靖宇推翻了。"于勇说，"杨靖宇当时嗓门很大，他主张在这里坚持打下去，这样不仅能牵制敌人一部分力量，给党中央减轻抗战压力，而且对巩固当地群众抗日基础也有一定作用。"

直到生命里的最后一刻，杨靖宇还是把枪口对准了敌人。关东军留下的一段战场实录这样记述："'讨伐队'已经向他（杨靖宇）逼近到一百米、五十米，完全包围了他。劝他投降。可是，他连答应的神色都没有，依然不停地手持双枪向'讨伐队'射击。交战二十分钟，有一弹中其左腕。但是，他继续用右手的枪应战。'讨伐队'认为生擒困难，遂猛烈向他开火。"

终因寡不敌众，杨靖宇被敌弹射中胸膛。他手持匣子枪，厉声怒斥："谁是抗联投降的，滚出来，我有话说。"语毕，高大的身躯便仰面倒在大树旁，终年三十五岁。鲜血染红了皑皑白雪——时间定格在 1940 年 2 月 23 日。

最激荡悲壮的诗文，往往在最惨烈、最残酷的旋涡里分娩。因为写它的不是笔墨，而是生命血性的最后奉献。杨靖宇用英雄壮举诠释了一名共产党员的坚定信仰，更展现了东北抗联将士骨子里的刚烈血性。置身杨靖宇将军牺牲的地方，当年艰苦卓绝的抗战硝烟仿佛并未走远。"松花江水流不停，不灭日寇心不平，长白山上英雄多，数着那杨靖宇杨司令。"这首歌从 1936 年起开始在白山黑水间传唱，半个多世纪不曾绝响。

除了杨靖宇，在白山黑水间还曾活跃着许多没有留下姓名的抗日英雄。在靖宇县，笔者向一位老人打听近郊的抗联遗迹。这位老者沉思半晌说：“在长白山，到处都有抗联战士活动的身影，在密林深处的小山村，基本上是村村一碑。”

石碑无言，英雄无语，但我们永远不会忘记……

（本文选自《解放军报》）

历史不会忘记：“中国第一支特种兵部队”

——访东北抗联老战士彭施鲁之子彭越关

文／王　瑶

1931年九一八事变后，为反抗日本帝国主义的侵略，在辽阔东北大地的崇山峻岭、荒原水畔，一支新型的人民抗日武装、一支顽强的雄师劲旅——东北抗日联军诞生了。

彭施鲁

在此后的十四年间，在中国共产党领导下，东北抗联以挽救民族危亡为己任，英勇战斗，前仆后继，有力地打击了日本帝国主义的嚣张气焰，为光复东北、取得中国抗日战争和世界反法西斯战争的胜利，作出了不可磨灭的贡献。

值得注意的是，从1940年底到1945年8月，东北抗联转入苏联远东地区，被编入苏联远东方面军。这支队伍相当于是中国第一支特种兵部队。苏联远东军司令员阿巴那申克大将检阅部队后正式宣布：“授予抗联教导旅以苏联远东军第八十八步兵旅的苏军番号。”

名义上隶属苏联红军远东方面军，但这只是这支部队一个掩人耳目的名字，抗联的老战士们，更愿意称自己所在的部队为“抗联教导旅”。原国防科工委司令部副参谋长，历任东北抗联第四军军部秘书、团政委、师政治部主任、支队教导大队政委，苏联远东军第八十八步兵旅的连政治指导员、连长、参谋的彭施鲁，就是这支传奇部队中的一员。

2014 年，在俄罗斯武装力量博物馆找到的第八十八旅军旗

通过彭施鲁的儿子彭越关的回忆和讲述，我们开启了那段被尘封已久的历史……

爱国学子踏上革命路

1934 年，彭施鲁还是河南省焦作市高中二年级的学生，受当时的语文老师、一二·九运动的发起人李长青的影响，读了大量左翼作家的小说，思想上慢慢走向对共产主义。在李长青的引导和鼓励下，彭施鲁加入了中国共产主义青年团，从此走上革命的道路。

1935 年的春天，彭施鲁追随自己的启蒙老师转学到北平。十九岁的他在北平参加了一二·九运动。一二·九运动激发了彭施鲁的爱国热情，同时也让他看到了斗争的残酷。

1935 年参加北平一二·九学生运动之后，彭施鲁被党组织派到东北抗联工作，任抗联第四军军长李延禄的秘书。初到东北参加抗联，生活上的不适应竟成了大问题。

“首先，东北最冷的时候达到零下三四十摄氏度，这是父亲从来没遇到过的。”彭越关讲道，“那时的东北很多老百姓都穿乌拉来取暖，牛皮做的，里边絮上乌拉草，穿的时候需要用一根带子勒紧。初到东北，父亲连乌拉都不会穿，每次都是抗联的战友帮助他穿，父亲索性穿上就不脱了。也因当时随时都有半夜爬起战斗转移的情况，和衣而睡也成了普遍的现象。”

对于年轻的彭施鲁，最大的困难莫过于上战场了。“父亲作为一名学生从来没拿过枪，但到了部队，天天面对着子弹在身边飞，还必须要拿着枪投入战斗，这在年轻人的心理上的确会造成一种恐惧感。”彭越关谈及那段经历深感父亲当年的不易。

就在这种环境的磨炼下，坚定的信念支撑着彭施鲁度过了最初艰苦的岁月。从此之后，彭施鲁随李延禄转战东北抗日战场，并迅速成长起来。

从游击队到“特种兵”

九一八事变后，随着中国东北的沦丧，抗日联军的大旗开始在辽阔的白山黑水间飘扬。这支部队同日本侵略者进行了长达十四年的斗争，同时付出了巨大的代价。

“战士们没有在房子里睡过觉，只能在雪地里露营。在忍受饥饿和寒冷的同时，还要做好随时随地和敌人枪战的准备。为了活下来继续战斗，指战员经常要通过战斗来夺取一些粮食，但那是要付出很大代价的，很多抗联战士都在夺取粮食的过程中献出了生命。”彭越关讲述道。

1938 年，由于日本的军事策略和恶劣的气候环境，队伍从鼎盛时的三万余人战斗到不足千人。但即便是在这样艰苦的环境下，彭施鲁也没有动摇过他的共产主义信仰。

由于日伪军的疯狂“讨伐”，1940 年开始，部分抗联战士进入苏联境内并组成东北抗联教导旅，后在苏方建议下编入苏联远东军第八十八步兵旅。彭施鲁随部队转移至苏联境内，在此期间，抗联官兵进行了休整并接受军政训练。

“当年父亲和他的战友们一方面接受苏联教官的各种军事训练，包括步兵常规训练、跳伞、滑雪、军事识图、无线电等；一方面不断地向东北派出小部队进行侦察营救活动、在百姓中开展抗日宣传等。”

三年的整训将一支只会打游击的队伍发展成掌握先进武器装备的专业部队。苏联对日宣战后，抗联战士随苏军重返东北，为抗日战争胜利作出重要贡献。

近年来致力于研究抗联及八十八旅历史的彭越关告诉笔者，在他眼里，这支队伍相当于是中国第一支特种兵部队。

走进被尘封的历史

“在我上学时期，我只知道父亲是个军人，因为他穿军装。但是在战争年代他是哪个部队的，主要是做什么的，我都不知道。”“文革”时，彭越关才隐约得知父亲和东北抗联有关。

2009 年，开国少将彭施鲁去世。“我父亲生前写了一本回忆录，叫《我在抗联十年》，父亲给我们孩子一人一本。读完这本书之后我才对父亲有了一个完整的了解。到现在为止，我还会经常翻看它，从中找一些资料进行研究，而每次看都会有

新的认识。”彭越关说。

彭越关似乎意识到父亲其实很希望被了解，也希望后人去了解那段历史。于是，六十多岁的儿子走进了被父亲尘封六十多年的历史。

几年来，彭越关几乎把所有的时间和精力都用在了对抗联和八十八旅的研究上。2010 年，彭越关和其他抗联后代一起成立了北京东北抗联后代联谊会，其中包括周保中、李兆麟等著名抗联将领的子女。

彭施鲁，这位在抗日战争中成长起来的爱国学子，中华人民共和国成立后历任步兵学校校长、军事师范学校副校长。1955 年后任总参谋部军校部处长、副部长，军训部参谋长，1985 年离休。1945 年被授予苏联红星勋章。1955 年被授予三级八一勋章、二级独立自由勋章、二级解放勋章。1988 年被授予一级红星功勋荣誉章。1995 年由俄罗斯政府授予“卫国战争”胜利 50 周年纪念章和朱可夫勋章。

光阴荏苒，弹指一挥间，几十年峥嵘岁月已逝。当年的伊万诺沃娃娃和少年而今已是耄耋老人；当年的八十八旅中国官兵，如今健在的已不足十人。

这支英雄的部队，留下了太多悲壮和牺牲的故事。

1955 年，毛主席的一句“东北抗日联军这十四年，比红军二万五千里长征还要艰苦”深深地印在彭越关脑海中，这一句话足以涵盖抗联将士们十四年的艰辛。

在彭越关心中，父亲彭施鲁所参与的这场正义之战，是挑战极限的战争。面对强大的敌人，对祖国怀有满腔热忱的抗联将士们，就是用一次又一次的挑战自我、挑战极限，最终赢得了全民族抗战的胜利。

历史不会忘记、人民不会忘记，那支“中国第一支特种兵部队”的八十八旅。

（本文选自新华网）

冰趟子战斗

文／中共黑龙江省委党史研究室

抗联将士在与敌人的作战中，根据敌情，利用当时的地理条件和气候变化，取得了许多以少胜多、以弱胜强的骄人战绩，冰趟子战斗就是其中典型的战例。抗联老战士张祥参加了那场战斗。

张祥回忆：1936 年初冬，我军到达木兰县的蒙古山。为了迷惑敌人，我军声言是攻打呼兰县（今呼兰区），日军急忙把正规部队调到巴彦县城及以西地区。而我军却突然挥师北上，向绥化、庆安方向挺进，将敌人甩在了后边。这时，日军又调动北面各县的日军守备队和伪“讨伐”大队对我军进行阻截。当我们到达绥化县（今绥化市）北时，已经是前有阻截、后有追兵了，情况十分危急。

我军继续向北挺进，到海伦县（今海伦市）时，赵尚志军长站在队伍中央动员说：“现在的情况大家都知道了，前有各县伪‘讨伐’大队的阻截，后有日寇和伪军的追击。敌人的目的很明显，要么是想把我们消灭，要么是想把我们赶到大山里饿死、冻死。我们怎么办呢？我们要把日本鬼子引进山打一次硬仗，让鬼子吃吃苦头，让他们知道知道中国人民不是好惹的，大家说好不好？”“好！”赵军长一挥手，“出发！”他走在了我们的最前头。部队进了山区，我们踏着皑皑白雪，沿着运木材的路前进。中午时分，到了一个两侧密林丛生，而中央却没有树的山沟。这时，赵军长用棍子指着两侧山林说：“这是个埋伏的好地点。”于是，他指挥部队向前走了三四里后，分两路上山折回原处，埋伏在树丛中，并将马匹牵到山后隐蔽起来。我们迅速用雪构筑好工事。赵军长就坐在我的工事后面，他叫传令兵传令：“各部队听小张的机枪打响后再开火。”然后对我说：“你的机枪由我指挥。”

部队在密林深处静等了两个多小时，哨兵跑来向赵军长报告：“敌人来了。”“好！”赵军长的眼睛霎时亮了起来，他马上对传令兵说：“通知各部队做好战斗准备。”传令兵走后不久，敌人就出现在我们面前。他们分四路纵队沿着我们走

过的道行进，速度很慢，有的在东张西望，有的低头只管走。一会儿，敌人说话的声音我们都能听见了，有个伪军说：“这次赵尚志可让我们赶进山了。”看着敌人越来越近，我握紧了枪把子。就在这时，耳边传来赵军长轻轻的话语：“小张，这是伪军，先放他们过去，等日军上来再打。”我点头称是。

一个营的伪军过去后，不到半小时光景，日军到了。他们共四个中队，四百多人，也是四路纵队前进。和伪军不同的是，他们仗着装备精良，一个个气势汹汹，杀气腾腾。每隔百余人有一个骑马挎刀的指挥官，他们更是耀武扬威、趾高气扬。看着日军不可一世的模样，抗联战士怒不可遏，恨不得马上扑下山去和敌人厮杀一场，大家都急切地等待着军长下命令。

眼看着日军已全部进入埋伏圈，这时，赵军长才用小棍子捅捅我的后背说：“打！”话音未落，我的机枪就吼叫起来。瞬间，所有的武器一齐开火，密集的子弹带着战士们的满腔仇恨和怒火向日军射去。日军被这突如其来的袭击打得措手不及，成片倒下，队形一下子就乱了，有的仓促抵抗，有的拼命向外跑。趁着日军失去指挥、乱了阵脚的时机，赵军长高喊：“冲啊！”我们部队便像猛虎下山一样扑向了日军，战士们不顾日军的疯狂反扑，不怕流血牺牲，前赴后继，边打边冲，日军的防线很快土崩瓦解。经过两个多小时的肉搏战，我们取得了胜利，先过去的伪军，听到后面战争打响，早吓得溜回了县城。

这是一场漂亮的伏击战。我们打死日军两百多人，活捉了几个钻在雪堆里装死的日军，缴获七挺歪把子机枪、六个掷弹筒、两百多支三八式步枪及大批子弹。另外，我们从敌人尸体上扒下棉衣，穿到自己身上，缓解了部队缺少棉衣的困境。

打扫完战场，天已经黑了。晚饭后，赵军长对我们说：“同志们，咱们刚才给鬼子一个不小的打击，他们是不会甘心的，一定还会来报复。今晚咱们不能住在这儿，要继续往山里走，只有把鬼子诱进山里打，才能取得胜利。”说着，赵军长攥起了拳头，“同志们，一定要让鬼子再来尝尝咱们抗联战士的厉害！”

在赵军长率领下，部队连夜向山里行军，走了数里地后，我们面前出现了四幢伐木工住的木营。木营很大，每幢能住三百多人，营内还有五六个用汽油桶做成的烧得通红的火炉子，暖烘烘的。这对我们一些还没有穿上棉衣的战士来说，可真是一件美事。

部队住进木营后，赵军长召开了一次班以上干部会议。赵军长在会上介绍说：“我们现在待的地方叫‘冰趟子’。这里的地形不错，易守难攻，是个好战场。”接着他分析道：“这四幢大木营很坚固，可以固守；沟的两侧是山林，可以设埋伏，沟口处很窄，我们埋伏上人，既可以截断敌人的退路，又可以打敌人的增援。所以，只要我们能固守阵地，日本鬼子就像秃子头上的虱子无处藏身。同志们，要是真能来他两三千鬼子，那咱们可就不愁没有棉衣过冬啦！”一席话，说得大家喜笑颜开、兴高采烈，齐声喊“好”。接着赵军长命令各部队占领有利地形，并要求两天内把阵地构筑好。很快我们便修好了阵地，并用积雪在阵地间垒起了交通壕。赵军长又叫我们在阵地前浇水结冰，阻止日军爬上来。一切准备就绪后，大家轮流放哨，等着日军自投罗网。

第三天拂晓，一阵轰轰的炮声把我们从梦中惊醒。“鬼子来了！”大家立即各就各位，做好了战斗准备。大约9时，我们看到呈四路纵队约有一千五百人的日军，杀气腾腾地开进了山沟。大概是前次吃了亏的缘故，这次日军也学乖了，凡是有密林的地方，他们都先放炮，然后在炮火的掩护下向我们阵地接近。面对着武器好、人数又多于我军的日军，全体战士面无惧色，士气高昂，早已把生死置之度外，大家都盼着能马上和日军大战一场。赵军长更是镇定自若，胸有成竹。

日军进入冰趟子沟口后，排着队形向我们占据的木营阵地扑来，但他们在阵地前的冰上尽栽跟头，队形很快就乱了，成了黄乎乎的一大片。就在这时，赵军长大喊一声：“打！”顿时，步枪、机枪、掷弹筒一齐向敌人射击，直打得敌人在冰上乱滚乱爬，冰被染成了红色。这时，在沟外的日军炮兵仍向我们放炮，有的炮弹落在了我们阵地上，但大部分却落到了日军群里，反倒助了我军一臂之力。

第一次进攻失败后，日军更疯狂了，组织兵力向我军阵地轮番冲锋。但在我军的顽强阻击下，敌人一次又一次地被打了回去。有的日军即使冲到面前，也爬不上结了冰的阵地。就这样，大批日军的尸体堆在了我们的阵地前。

战斗打得十分残酷。虽然在我军的顽强阻击下，敌人未能前进一步，但日军倚仗他们的优势兵力和火力，使战斗处于胶着状态。下午4时左右，我们左侧的一个木营被二十几个日军抢占了。赵军长立即命令少年连的赵有财（代理排长）带领两个班，趁日军立足未稳之时，夺回木营。我也参加了这次战斗。我们先迂回到木营后面占领了木营大门，接着，我用机枪向木营内扫射，日军也向我们扫射。这样相持了几分钟后，有人建议向木营内甩手榴弹。大家突然醒悟，摘下手榴弹连续向营内甩去。营内的火炉子被炸爆了，火星四扬，烧着铺草，顿时营内充满了烟火。日军被呛得嗷嗷叫着，直往门口冲，但都被我用机枪逼了回去，没被炸死、打死的，很快也被火烧死了。我们顺利夺回了木营。

战斗打到太阳快要落山的时候，日军的进攻仍然毫无进展，枪声逐渐稀落下来。这时，赵军长估计，日军在天黑时很可能突围，于是抽调一部分兵力加强沟口处力量。果然不出所料，夜幕降临时，敌人开始行动了。他们集中火力不顾一切地

向沟外突围，我军全部出动，奋力追击，在夜色中又打了一个多小时，杀伤了大批敌人。

战斗结束后，赵军长下令连夜打扫战场。我们一边搜集武器弹药，一边从敌人尸体上扒棉衣，一直忙到天亮。战斗的结果是：我们毙、伤日军三百多人，俘虏十几名日军官兵，缴获一挺九二式重机枪和其他大批武器弹药，还缴获一些敌人运输给养的爬犁和一批大米、猪肉。

冰趟子战斗，是抗联第三军建立以来所取得的最大的一次胜利。它是在装备上敌优我劣、力量上敌强我弱的形势下，我军充分利用有利地形，采用巧妙伏击战法，发扬英勇顽强精神，消灭大量日军的典范战例。这次胜利，大长了中国人民的志气，大灭了日军的威风，共产党领导的抗日队伍在人民中间的影响进一步扩大。抗日军民更加坚信：不可一世的日本侵略者，终究要被赶出中国！

（本文选自中共黑龙江省委党史研究室编写的《东北抗联纪实》，黑龙江人民出版社，2010）

东北抗联：林海雪原苦斗关东军

文／范春旭

李敏家里摆满了和东北抗联有关的物品，墙上悬挂着各路军将领的画像、共产党呼吁建立抗日统一战线的信件……这里像是一个关于东北抗日联军的小型展览馆。

对于七十多年前东北抗联的往事，现年九十二岁的李敏有着清晰的记忆，讲着讲着，她会不自觉地唱起战友们在山林里唱的那些抗联歌曲。

“（日军占领东北后）南京政府不让东北军抵抗，大家恨极了南京政府，”李敏说，“东北的老百姓感觉自己被出卖了，受到侵略了政府还不打？只能我们老百姓自己干！”

就这样，广大东北民众和来自各地的抗日义士，在东北成立了抗日联军，在林海雪原中与装备精良的日伪军展开了斗争。

生存：吃完树皮、草根就煮乌拉鞋

对于东北抗联战士来说，饥饿是每个人必须克服的“敌人”。

李敏至今对饥饿感有着真切的记忆——饿得心里直“突突”，一下下跳动，越来越慢，就像马上要停了。

黑龙江省东北烈士纪念馆研究部主任于文生坦言，当时除了中共中央给予的战略路线指导外，东北抗日联军没有得到任何物资供应。

1938 年冬天，抗战进入相持阶段，日军推行“归屯并户”，用烧房、枪杀、驱赶的手段，把当地民众强制迁入“集团部落”。日军将原来的村庄全部焚毁，拒绝搬迁的居民尽皆杀害。

“集团部落”四周大多筑有三米高的围墙，围墙上设有铁丝网，四角建有炮台，围墙下挖有深沟。“集团部落”四面设门，直通部落内外，太阳一落山，四门关闭上锁。这里实际就是集中营，严禁粮食、食盐、被服等物资外流。

彼时东北抗联战士的粮食，都是老百姓支援的。日军实行“归屯并户”的“集团部落”后，东北抗联的处境日益艰难，进入严重挨饿的阶段。对于当时抗联战士的处境，李敏回忆称：“大家的脸都煞白，只能吃树皮、草根。桦树皮和松树皮有着淡绿的黏液，扒下来可以直接吃。”

抗联战士挨饿时能吃到草根、树皮还是幸运的。到了冰天冻地，大雪覆盖时，连草根也寻不到了。饿极了，战士们只能把乌拉鞋泡在雪水里，洗干净去去味儿，再煮熟吃。乌拉鞋是用山里野猪皮做成的，熬上大半天，就发软变成了胶。“吃上一口就能睁开眼睛了，”李敏说，“可乌拉鞋十分有限，还得穿着出去打仗。”由于饥寒难耐，跋涉在齐腰深的大雪中，有的战士走着走着就不动了。

伤病也成了抗联战士的大敌。前几年，李敏从曾经战斗过的山上移来一棵“老窝眼”（音）树苗，种在院子里，如今绿叶如盖。李敏对这棵树有着很深的感情。对于在深山作战的东北抗联战士来说，“老窝眼”能救命。因为没有药，伤员溃烂的伤口爬满蛆虫。李敏和战友们就上山采集“老窝眼”的叶子、树皮来煮，用煮后的水涂在伤口上，清火解毒，驱赶蛆虫。

在丛林作战，夏天时蚊虫凶猛。李敏说，到了晚上，蚊虫像灰一样扑在脸上。冬天也同样难熬，最低气温达到零下四五十摄氏度。“出去尿尿，都害怕，冻得直哭。”李敏回忆说。

武器：建“兵工厂”修复用过弹壳

东北抗联面对的是日本最精锐的关东军，装备条件悬殊。

1931 年东北沦陷后，日军为了永久性占领东北，开始对东北实行彻底的军事要塞化，想把东北建设成战争基地。1931 年到 1941 年，关东军从十万人增加到一百万人，他们被认为是日本陆军的主力和精锐，号称“皇军之花”。

“那时关东军用的都是‘三八大盖’，上弹速度很快，不怕风沙，射程远，能打到一公里开外。”于文生说，相比之下，东北抗联战士始终没有标配武器，战士们最先用的是打猎的土炮、霰弹枪，这些枪射程只有百八十米。后来，战士们手里的家伙逐渐换成了从日伪军那里缴获的武器。抗联第三军军长赵尚志的手枪就是从日军手里缴获的一把美国制手枪。“那时，一个战士背好几把枪，因为子弹也是捡来的，都不知道能用在哪支枪上。”于文生说。

热播电视剧《枪神传奇》讲述了抗战时期我军兵工厂在艰苦卓绝的条件下修复大量枪械，并研制出杀伤力很强的枪榴弹和各种地雷、手榴弹的故事。于文生说，东北抗联各军都有兵工厂。

在哈尔滨东北烈士纪念馆，陈列着一台大约两米长的机床。这是 1936 年秋，东北抗联独立师（后来发展为第十一军）在位于集贤县和桦南县北部交界处的七星砬子山里的兵工厂所用的机床。于文生说，这在当时算是比较正规的兵工厂。

抗联独立师从佳木斯运来这个车床，然后隐藏在运送柴草的车里送上了山。山里没有电，战士们把一个大铁轮装在木架子上，挂上皮带，四个人轮换着摇动，使机头旋转。抗联还特意从奉天请来师傅，扒铁轨做原料，制造出五十来杆撸子枪。1938 年 2 月，日军向七星砬子释放毒气，战士和工人将来之不易的机床埋好后，与日军展开了斗争，大部分都牺牲了。

“我们没用国家一粒子弹和小米。”李敏回忆说，抗联兵工厂把变形的弹壳尽量修复再装上子弹。这些子弹很容易成为哑弹，打不出去。由于缺乏保养器材，抗联战士手里的枪很多都生满了锈，要不断地擦拭。

与枪相比，子弹显得更加珍贵。李敏说，弹药的使用有着严格的限制，打出去多少子弹，都要把弹壳捡回来。战士们宁愿饿着肚子，也不能用子弹打野猪。“留着一颗子弹，就有机会打死一个日本兵。”

转移：赴苏联休整反击关东军

为了突破敌军“围剿”，与党中央和关内红军取得联系，东北抗联多个部队从松江下游地区向辽西部，以及齐齐哈尔方向开拓西征路线。

在渺无人烟的原始森林中，抗联战士不仅粮草断绝，御寒无衣，就是生火取暖也可能被敌人发现，许多战士被冻死。

卢连峰 1937 年加入东北抗联第十一军，那年他只有十五岁。为了突破敌人的“围剿”，卢连峰所在的部队从长白山向西转移，打算在海伦、绥化、兴安一带开辟新的游击区。那时正赶上冬天，战士们冒雪一天只能走二三十公里，从富锦到齐齐哈尔一带的西征路有两千多里，足足走了几个月。

西征路上，抗联战士的头发变长了，脸和手被冻得发紫发黑，絮着乌拉草的棉衣被灌木划破。卢连峰回忆，战士们实在忍不住了就烤火，乌拉鞋沾了雪水后会再次冻冰，走起路来很容易掉。走着走着，脚后跟的肉就翻了出来，骨头都露在外面了，“只能用脚尖走，就像野猪一样，咯吱咯吱的”。与其他部队会合时，第十一军就剩下了几百人，一千多名战士都留在了小兴安岭那边，苦得都不能说了。说到这里，卢连峰沉默了。

周淑玲 1935 年加入东北抗联第三军，负责搜集情报和联络工作，那时她只有十七岁。后来，周淑玲与抗联第三军第四师第三十二团团长李铭顺结为伉俪。如今，居住在沈阳的周淑玲卧病在床，听力不好，但对于抗联那段记忆仍旧印象深刻。抗战环境异常艰苦，只能靠野菜、树皮、草根充饥，周淑玲的两个孩子由于寒

冷和饥饿，都死在路上。“不是那么简单就能过来的。”她叹息说。

到了 1939 年，“要武器没武器，要人没人，到处都是敌人”。周淑玲回忆，当时抗联将领决定到苏联休整保存实力。李铭顺在苏联内务部任职，要定期过境回到东北侦察各个省市敌军的情况，为苏联远东军的反攻提供情报。周淑玲说：“当时有一句歌词唱道‘苏联部队带着我们出发到中国’。那时大家都等着打回东北，解放东北。”

1942 年 8 月 1 日，东北抗联在苏联正式组成东北抗日联军教导旅，周保中任旅长。1945 年 8 月 8 日，苏联正式对日宣战，并派出远东军进入东北战场。日本投降后，东北抗联先与挺进东北的八路军、新四军合并，改编为东北人民自治军，周保中任副总司令，后又改称为“东北民主联军”。至此，东北抗联完成了它的历史使命。

器与术：悬崖绝壁建密营藏武器

东北抗联在极其困苦的条件下，多次在深山老林中打游击战。做好隐蔽工作，对于保存和发展抗联实力十分重要。

抗联战士在山深林密、悬崖绝壁等无人出入的地方建立了后方基地——抗联秘密营地，抗联战士和当地群众称之为“密营”。这些密营用于储备军需、医治伤员、修理枪械、搜集敌情、宣传抗日、缝制冬衣。

抗联在深山老林里建有多种密营，它们结构不同，规模不等。有的是架子式，这种房屋没有梁、柱等，而是用较粗的木杆交叉架在一起，屋顶抹泥或用树皮遮苫，俗称“马架子式”。另一种是地窝子式，即选择有利地形和向阳的山坡，顺着山形地势向地下挖洞一米到两米深，四周用木棱垒起，边挖边垒以作为墙体，地上部分起脊，保暖性强于前一种。

选择建密营的地点一般有几个条件：一是山势较险，敌人不容易上去；二是要背风朝阳，以便取暖；三是附近有水源；四是要建在背着敌人一侧的山坡上，敌人不易发现。

“铁岭绝岩，林木丛生，暴雨狂风，荒原水畔战马鸣……”抗联歌曲《露营之歌》，正是抗联战士在密营生活的真实写照。

启示录

1931 年，日本占领东北，并将东北作为侵略中国的基地和大本营。

在中华民族面临生死存亡的危急时刻，东北抗联奋起反抗，揭开了中国抗日战争的序幕。东北抗联孤悬敌后，在极其残酷的斗争环境中、在敌我力量对比悬殊的情况下，与优势装备之敌浴血奋战、周旋苦斗，进行了长达十四年的不屈不挠的斗争，开辟了全国最早、坚持时间最长的抗日战场。

自九一八事变到1937年9月的六年间，关东军共死伤十七万八千二百人，抗联牵制关东军约八十万人。

抗联的抵抗，迟滞了日本军国主义发动全面侵华战争的进程，阻击了日本侵略者大肆掠夺东北资源的罪恶行径，动摇了东北的日伪殖民统治，并推动了全国抗日救亡运动的迅猛发展。

全面抗战爆发后，东北抗联牵制大量日军于东北，有力地配合了全国抗战，并阻止日军"北进"，从战略上策应了苏联的反法西斯战争。在反攻作战中，东北抗联配合苏军进军东北，为最后赢得抗战胜利作出了特殊的贡献。随后抢占先机，为中国共产党解放东北创造了有利条件。

（本文发表于2015年6月1日，选自《新京报》）

东北抗联老兵三次被俄授勋
曾吃树皮喝马尿

文／于京京

自古英雄出少年。当中华民族的历史，翻到屈辱的一页时，在东北抗日战场上，并不缺乏无畏枪林弹雨、甘愿舍生取义的少年英雄。“逐日寇，复东北”曾是他们用生命和鲜血写就的铿锵誓词。

在长春市抗联老战士王明的家中，他的儿子王克成向笔者讲述了父亲少年从军，转战白山黑水的峥嵘往事。

王克成在翻看父亲的旧照片

那年王明只有十三岁，因不满地主压迫，毅然投身抗联，从此戎马一生。

身手敏捷、眼疾手快的王明，虽然不能将所看所听的信息及时记录下来，但却能分毫不差地将信息传达给部队。兵荒马乱的年代，谈恋爱也变成了很奢侈的事。“能够和我家老头一起在战场上杀敌，他不能动的时候陪着他、照顾他，就是我最幸福的事情了。”王明的妻子姜成岚泪眼婆娑地说。王明的儿子王克成回忆道：“我父亲他们当年特别的苦，衣不遮体，饥肠辘辘，有时甚至靠吃树皮喝马尿生存，太难了。”王明曾任东北抗联第二路军五军二师三团五连通信员，多次参加东北抗联对日本侵略者的战斗。今天我们有幸可以来到王明的居所，从生活的点滴中了解英勇善战的王明从戎逐倭的一生。

抗联老战士王明

少年参军——从“小土豆”到“小铁孩”

王明，1922 年 7 月出生，山东黄县人。1927 年，山东出现了一场由干旱引起的大灾荒。生活实在过不下去了，王明的父亲带着全家搬到东北。兵荒马乱的年代，饿殍遍野，王明的父亲又有羊痫风，时常抽搐、吐白沫。为了糊口，王明被父亲送到地主家干活。那时，年仅七岁的王明身材矮小，皮肤黝黑。瘦骨嶙峋的小男孩在田地里犁地，偶尔还要跑到隔壁的地里看看牲口。夜幕降临，瘦小的男孩仍然在干着不太可能干完的活。牲口有的时候会偷吃别人家地里的粮食，人家就会去找他，然后打得他皮开肉绽。“有一次，一个老太太路过说：‘你们不能这么打孩子，你要打就打我吧！’后来那个老太太把我老头就送回家去了。但是回家后又是意料之内的一顿暴打。”王明的老伴姜成岚回忆道。后来王明又被父亲送到了另一个地主家里，这家的夫妻俩平时都好抽大烟，所以对王明疏于照顾。王明甚至还常常遭到莫名的暴打。王明饿的时候，地主家的女儿就会偷着给他一块饭锅巴，让他勉强填饱肚子。

在地主家扛活的那几年，王明接触到一些抗联游击队战士，有时还利用出来干活的机会，为游击队传递消息。他把战士们交给他的信件藏在羊尾巴下面，躲避敌人的搜查。长此以往，地主看不惯他“不务正业”，暴打的频率逐渐升高。“我爸小时候挨打从不吭一声，满身都是血道子，也不跑，就站在那挺着。真是太能忍了，人家都叫他‘小铁孩’。”王明的儿子王克成说。

1936 年 3 月，王明被地主撵回家，他一狠心就去找抗联部队。部队领导看他年纪不大，瘦骨嶙峋，身体素质特别差，因此拒绝他的加入。“我爸是山东人嘛，脾气特别倔，不让进部队，就跟着部队寸步不离，一直跑了好几天。”王克成说，“后来碰上当时的支队长王效明。王效明不知道这是哪儿跑来的小孩，就问他参军干啥。他说打日本鬼子，解放全中国。后来王效明就同意让我爸加入抗联，成为王效明的警卫员。”

浴血百战——战火凝固的勋章

加入抗联队伍的王明，每日每夜都在加强自己的训练力度，即使受了伤也绝不因病耽误训练。因为他身材矮小，身体素质又差，脸上经常带着好像永远甩不掉的泥巴，所以“队伍中有人叫他‘小老虎’‘小黑子’‘小铁孩’。但是我爸爸身手矫健、聪明伶俐、记忆力过人，可以迅速爬到几米高的树上，既隐蔽了自己，又能快速勘察到敌人的一切信息”。战斗中，王明的主要任务就是上树瞭望，捕捉敌情，记录敌方军火、车辆、人员等情况，并将其及时汇报给部队。

1940年，铁岭绝岩，林木丛生，机枪扫射声震耳欲聋，树林间充满了危险，王明和战友们寻找着可以遮蔽的战壕。一挺隐秘的机枪向他们发射出了致命的子弹。在危急的瞬间，王明将王效明护在了身体下面，而自己不幸腿部负伤。

抗联的斗争是万分艰难，残酷至极的。东北的自然环境给了这支队伍一个大难题，零下三四十摄氏度的严寒，夺去了无数抗联战士的生命，食物的短缺也是达到了人类的极限。“我爸跟我说打仗期间是真饿啊，一年多没住过房子，没吃过正经饭。住森林里，吃草根，采野菜，吃皮带，甚至喝马尿。”

1941年，王明和战友们开始向苏联远东境内转移。在那里学军事、搞训练，同时也经常执行各种艰难危险的任务，并参加了苏联卫国战争。1942年，王明等七百多名东北抗联主力部队指战员整编为东北抗日联军教导旅，后被授予苏联远东军第八十八步兵旅番号。

王明在牡丹江中东站执行侦察任务时，与苏联空军进行地空导航电讯联络，作出了巨大贡献。为表彰他的功绩，苏联方面授予他苏维埃“卫国战争”胜利奖章。除此之外，于1995年和2005年，俄罗斯政府先后授予他“卫国战争”胜利50周年、60周年纪念章。

王明一生身经百战，抗战胜利后，还参加了辽沈战役、四平攻坚战、解放吉林市、黑山阻击战、云贵川剿匪、抗美援朝等。中华人民共和国成立后，王明先后被中央军委授予解放勋章、独立功勋章、二级八一勋章、二级红星功勋荣誉章等多项荣誉。

1995年，在长春香格里拉酒店，俄罗斯领事为王明、庄凤授勋

八十八旅英勇无畏、骁勇善战、屡建奇功，是闻名整个苏军的中国奇兵。

苏联红军远东军总司令部曾命令这支部队先后派遣二十多支小分队深入敌后，对日本关东军进行一系列侦察、间谍和破坏活动，为协助解放东北做准备，直至取得最后胜利。

未了深情——一个再也无法履行的约定

“他走了，遗憾的是我们没来得及庆祝结婚70周年纪念日。1945年冬天，我嫁给了他，记得那天下了很大的雪……”在吉林省军区第一干休所，八十九岁的姜成岚抚摸着丈夫王明的军装和勋章喃喃地说。由于王明不记得自己的生日，在进入部队后，姜成岚将7月1日定为王明的生日，与党的生日是同一天。“父亲告诉我们这个新的生日对于他来说意义深刻。”王克成说，今后的7月1日也是一家人纪念父亲的一个重要的日子。

王明与妻子姜成岚合影

王明走了，他未能完成他许给妻子的各式各样的约定：办一场隆重的白金婚纪念仪式，跟妻子一起过今年的生日……

“我们是在战争中认识的，受他的影响我也参了军。”姜成岚老人回忆，她第一次看见王明是在龙井市，当时特别崇拜这个会讲俄语的战士。“他1945年从苏联回到东北，能讲一口流利的俄语。”姜成岚说，她的亲属和王明在同一部队，经介绍，两人走到了一起。受到丈夫的影响，姜成岚也进入了部队，在文工团当一名歌唱演员。“我年轻的时候嗓子可好了。他就爱听我唱歌。”回忆甜蜜的往事，姜成岚脸上洋溢着无以言表的幸福。

结婚后不久，王明所在部队改为独立八团，投入解放战争，两人也因此开始了煎熬的异地生活。战争是对人意志的考验，生离死别是对亲人心理的折磨。

“那一次，我爸参加黑山阻击战，当时后方部队说我爸这支部队可能全部被歼灭了，但是我妈仍然在山下等着。天黑了，从山上下来几个人，我妈一眼就认出其中一人是我爸，两个人就无声地抱着哭了很久。”王克成哽咽地说。

四平攻坚战、黑山阻击战、云贵剿匪中，王明三次负伤。随后，他又参加抗美援朝战争，在朝参加了四次战役。王明戎马一生，他始终铭记着王效明的那句话：“你是军人，你是抗联战士，你不能跟老百姓打仗。咱们抗联战士要能吃苦受罪，享福的日子在后面呢。”王明在对子女的教育上也是如此严格苛刻。王克成说：“我爸性格倔强，十分要强，第一次脑出血，将近一个月没吃没喝也不叫唤。”

2013 年 4 月，王明在做肠梗阻手术时，被发现罹患肺癌，王明一直配合医生的治疗。但今年以来，老人的病情不断加重，治疗的后期只能靠呼吸机维持生命。

2015 年 5 月 25 日，九十三岁的东北抗联老兵王明因肺癌去世，吉林省最后一名参加过“卫国战争”的抗联老兵离世。姜成岚拿起众多奖章中的一枚说：“这是今年 5 月份刚获得的“卫国战争”胜利 70 周年纪念章，也是他获得的最后一枚奖章。”

“我老头临走前跟我说，一定要好好活着，不要为他伤心，要感谢党给了他一生的荣耀与回忆。”姜成岚脸上挂满了幸福的笑容，这是最后一个属于他们俩的约定。

抗联老兵王明的离去，并不代表那段历史的陨落，抗联老兵们会在历史的星空中长明。平生秉性似钢坚，不见爷娘不见天。陷阵冲锋孰顾命，刀山火海闯当先。

（本文发表于 2015 年 7 月 17 日，选自新华网）

抗联密营就是特殊的抗战根据地

文／李晶川　颜　鹏

出靖宇县城往北走204省道，目之所及，是延绵不绝的青山。这里曾是抗联活动的区域。东北林区的冬天，积雪没过膝盖，气温低至零下四十多摄氏度。不难想象，当年抗联战士在这里的活动是何其艰难。

重返战场：深山老林里建有无数密营

汽车过了那儿轰镇，便转入一条林区公路，往红石林场更深处行驶。一路上，看不到村庄也看不到人群，只有不断重复的山和树，手机也完全没有了信号。就在这座森林里，隐藏着许许多多当年的抗联密营。所谓的密营，实际上是一种特殊形式的根据地。

抗联在深山老林里建密营，也是一种无奈之举。在二十世纪三十年代末，日本侵略军对东北抗联进行了大范围军事“围剿”，并在东北林区推行“集团部落制”，“强行并屯、保甲连坐、篦梳山林、铁壁合围”，迫使抗联部队不得不离开公开的根据地，转而进入深山建立密营。资料显示，东北抗联在东北林区建立了许许多多的密营。仅在黑龙江一省，目前发现的密营遗址就有一百多处。在吉林省红石林场内，也有三十多处密营遗址。另外，在辽宁本溪一带，也存在大量密营遗址。

抗联在深山老林里建有多种密营，它们结构不同、规模不等。有的是架子式，这种房屋没有梁、柱等，而是用较粗的木杆交叉架在一起，屋顶抹泥或用树皮遮苫，俗称“马架子式”。另一种是地窝子式，即选择有利地形和向阳的山坡，顺着山形地势向地下挖一米到两米深洞，四周用木棱垒起，边挖边垒以作为墙体，地上部分起脊，保暖性强于前一种。

密营的选址也很有讲究。旅日作家萨苏表示，首先不会选择在距离人群聚居地较远的地方建立密营（通常不超过一天的路程）。因为抗联战士夏季打仗，冬季进入密营。大雪封山，出行十分不便。除此之外，密营还应该处在山势较险的地方，这样敌人不容易上去。背风朝阳，附近有水源也同样重要。

据当地的一些农民介绍，密营之“秘”就在于如果你不是抗联战士，是很难发现的。萨苏早些时候在深圳做讲座时也说过这样一个故事：一个日本军官在搜山时发现一栋房子。这栋房子在一个山坡上，他骑着马往上冲。这时，忽然响了一枪，他的马就倒下了，跟着他的那些日本士兵也不敢冲了。可见，当时的日军根本就不知道那里就是抗联的密营。“人站在坡的顶上，都不能想象下面是一个秘密营地。”萨苏说。

老兵回忆：大年三十只能烧羊皮吃

密营的生活是异常艰苦的。白天，日伪军和密探轮番搜山，有时日本飞机还会进行低空侦察。因此，白天不能出密营活动。特别是冬天，一旦在雪地上留下脚印，就有被围歼的危险，只有夜间才能出来活动。大雪封山的时候，为了安全起见，无论多少人上山，必须踩一个脚窝，以免引起日军注意。在密营里吃住都很困难，情况危险时，为防止暴露目标，不能生火做饭，只能嚼些苞米粒子。

李敏是一名抗联的老战士，她在抗联中先后当过炊事员、被服员、宣传员、救护员、电报员等。她曾经在媒体面前回忆起在密营里的艰苦岁月。

李敏说，因为抗联一般都在山里活动，冬天下雪后就很难生存，所以只能到处建密营。冬天一般零下三四十摄氏度，如果没有密营，战士们都得冻死在山上。密营里面什么都没有，只能靠烤火取暖，但却是火烤胸前暖，风吹背后寒。

1939 年，是东北抗联的一个低潮期，各方面斗争都陷入了困境。李敏还记得，那是 1939 年的春节，也不知道多少摄氏度，但记忆中就是一个“冷”字。进了森林，风小点，就感觉暖和点。他们找到了一个作废的密营营房，房顶没了，抬头只见个方框。战士们把树枝树皮捡回来，盖上，大家都高兴得很，因为终于住上了“房子”。山中无日月，但据营长推算说，那天晚上是农历大年三十。有战士把自己裤子上缝的几块羊皮拆下来，烧

蒿子湖密营灶房遗址

着吃，这是荤菜。指导员杜景堂把自己那双破了的牛皮鞋放到铁桶里，化点雪水煮着吃，煮了一晚上也没烂。

就是在这样艰苦的情况下，抗联战士依旧坚持抗战，一直到抗日战争胜利。

走访遗址：如今大部分密营已难辨认

密营是见证东北抗联的重要遗迹。然而，因为日伪军的破坏，加上时间过长，密营自然坍塌。如今，大部分密营遗址已经很难辨认。

在红石林场深处，有一处叫“蒿子湖”的地方。根据资料记载，蒿子湖密营是东北抗联第一军杨靖宇总司令在 1935 年至 1940 年期间居住过的重要密营遗址。1951 年，东北烈士纪念馆曾来人考察过这座密营，取走了一些遗物，其中有太阳牌胶底鞋、罐头盒、玻璃杯、磨、碾子等。1953 年初，通化市考察队又一次来到蒿子湖密营考察，将附近一棵大白松上刻着的“李二兔崽子去打猎”的联络暗号取走。

现在的蒿子湖密营已经成了一个景区，进入景区没多久，便能看到一座完整的原木垒成的房子。旁边的工人介绍说，这是后来为了拍电视剧新建的木刻楞（俄罗斯族典型民居），样式是按照当年密营的样子建的。

沿着主干道往前走，便来到一个叫“饮马池遗址”的地方，它是一个月牙形的小水塘。水塘内的水量并不大，水面布满了青苔。景区工作人员用木桩和铁链把这个地方围了起来。如果不是标牌的提醒，任谁也不会知道这就是当年战马饮水之处。

离饮马池不远，是杨靖宇的“司令部”。这是一座成色稍旧的木刻楞，房子内有灶台、火炕以及一张石桌。斑驳的墙壁上，还挂着一幅杨靖宇将军的戎装照。外地的游客很容易把它当作是杨靖宇当年居住和指挥作战的地方。实际上，这座“司令部”也是后来重建的。原来的司令部，现在只剩下一个隆起的小土丘，上面满是杂草。景区工作人员为了方便游客辨认，特地在这座遗址周围竖起了木桩。景区的工作人员说，整个蒿子湖密营，当年的痕迹已经很少，大部分都是后来重建的。

抗日战争期间，杨靖宇曾在蒿子湖密营生活

2015 年 6 月 30 日，杨靖宇之孙马继民到了蒿子湖密营，这已不

是他第一次到那儿。地方还是原来的地方，但早已物是人非。站在司令部遗址上面，马继民的思绪回到了爷爷战斗的那个年代。“我们是一路开车过来的，都会觉得这个地方很偏远。爷爷他们那时候，这里不通公路，又全是原始森林。冬天的时候，他们是怎么过的啊？”马继民说。

（本文发表于 2015 年 7 月 17 日，选自《深圳晚报》）

抗联老兵王济堂自演冰城“潜伏”

文／周际娜　张清云

“您是王济堂吗？我们请人转交的勋章您收到了吗？”几天前，哈尔滨市道外公安分局的离休干部王济堂，突然接到一个外国人的电话，来电者正是俄罗斯驻沈阳总领事馆副领事西拉叶夫。

王济堂

早在一个月前，王济堂收到一枚由俄罗斯总统普京颁授的“卫国战争”胜利70周年纪念章，在黑龙江省仅有四人获得该项荣誉。

王济堂是谁？这个八十六岁高龄的东北抗联老战士，十三岁时为中共地下组织做情报侦察工作，此后沉默了半个多世纪，就连家人也是在其领取特殊生活补贴后，才知道他的特殊身份。

不久前，笔者来到王济堂老人家中，听他讲述那段战争年代里的潜伏经历……

进铁路工厂搞情报　十三岁成为抗联小战士

“七十多年前，这儿有间豆腐坊，房盖上铺满了草。”每隔几个月，王济堂都要到道外区爱民街转一圈，回想那段遥远的岁月……

王济堂生于1930年，是辽宁锦州人。八岁时母亲病故，父亲不在身边，他便跟随在老道外爱民街开豆腐坊的大伯一起生活。时值伪满时期，日本宪兵每次来豆腐坊不仅白吃白拿，还把他大伯打得遍体鳞伤。年幼的王济堂内心充满了愤恨。

1943年1月，机会来了。王济堂在豆腐坊里见到了扮作生意人的张瑞麟，他跟大伯是锦州老乡，真实身份是东北抗联第三路军第十二支队领导人，而这家豆腐坊也逐渐成了抗联地下秘密联络点。

张瑞麟有时会到豆腐坊商讨反满抗日事宜，他与王济堂这个“小老乡”似乎格外投缘，常常一边吃着高粱米小豆干饭，一边给他讲八路军、东北抗联抗击日军的故事。

“张叔，给我一支枪，我也跟你们一起去打鬼子！”十三岁的王济堂一心想上战场，但被张瑞麟拦住了。他希望王济堂能以工人身份做掩护，到三棵树铁路工厂半工半读刺探情报。“在铁路工厂搞情报，跟在部队里真刀真枪打鬼子同样重要！”听了这话，王济堂满口答应，很快就成了一名抗联小战士。

专在铁路“搞破坏”　“围剿”前通知部队转移

王济堂一直保存着一张早已泛黄的身份证明书。这是他当年在铁路工厂的工作证，上面贴着他少年时代唯一的一张照片。由于年代久远，眉目有些模糊不清，就像他当时隐秘的身份一样。

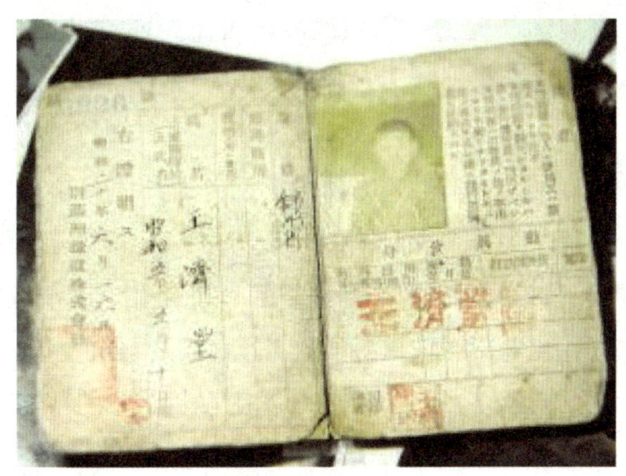

王济堂在铁路工厂时的工作证

王济堂绰号“小猫”，他身材矮小、衣服脏兮兮的，还总穿着一双露脚后跟的破布鞋。外人很难想到，这个不起眼的小孩竟是个小特工，他与中共三棵树铁路工厂地下党支部书记董丽泉单线联系。“在工厂里，我叫他董师傅，背后叫董大哥。”王济堂说。

1943 年前后，日本关东军为进攻苏联，在哈尔滨实施铁路扩轨改钩计划，并在三棵树铁路工厂派驻了一个工兵营监督。王济堂看上去弱不禁风，却是个“搞破坏大王”。他身穿铁路制服，每天拿着检车锤到处转悠，实际上是跟地下党员和工人们一起消极怠工，破坏生产设备，拖延日军的装备运输计划。

“搞破坏”只是副业，王济堂的主要任务是刺探情报。虽然年纪不大，但他十分机灵。王济堂每天带两个苞米面大饼上班，给军工兵副班长黑田吃。失去防范的黑田渐渐与王济堂无话不谈，无意中透露出日军兵力不足，抓朝鲜青年冒充日本兵等颇具价值的军事情报。

王济堂还曾接近伪警长套取情报。1944 年夏天，豆腐坊的工人们晚上经常跟一些锦州老乡推牌九。伪警察派出所的胡警长也常来转悠，他从不抓赌而是从中抽头。王济堂不但帮他敛钱，还经常替他跑腿买酒肉，渐渐取得了胡警长的信任。

有一回，这位胡警长醉酒后竟放声大哭，称日伪军已组队准备去巴彦、木兰、东兴“围剿”抗联部队，他担心自己去了就再也回不来了。王济堂连忙将情况报告给董丽泉，董丽泉立刻通知抗联部队迅速转移，令日伪“讨伐队”的行动扑了空。

让王济堂十分自豪的是，不久后张瑞麟曾特意派联络员传话：“多亏了‘小猫’，部队才及时安全转移，这回你可立大功了！”

刺探军情被发现　刺刀划过眉骨扎进肩窝

很多人不知道，王济堂老人其实还有两个看不见的“勋章”，七十多年来一直刻在他身上，是用鲜血换来的……

“你看，我的眉毛是断的，身上还有一道疤。”在书房里，王济堂掀开上衣，左肩窝凸起的一道粗疤清晰可见。而这些疤痕背后的故事，如今听上去依旧惊心动魄。

1944 年，日本关东军兵力不足，却打肿脸充胖子，为了炫耀武力，开着瓦罐军用专列，在车厢左右两个车门各设几名日本兵围挤在车门前，想用假象来迷惑抗日军民。为了刺探日军的军事实力，王济堂遵照董丽泉的指示，练就了一身追车、扒车、跳车的本事。聊起当年的好身手，王济堂笑着对笔者说：“我跳车的技术真不赖，比电影《铁道游击队》里跳得还好呢！”

同年 7 月的一天，王济堂跳上了一辆日本军用专列。他发现，运兵车外表看着人满为患，其实每节车厢只有七个人。他站在车厢连接板上张望时，不巧被一个日本士兵发现了，对方高声斥责：“八格牙路，小孩什么的干活？”王济堂当时身穿铁路制服，他挥了挥手里的检车锤示意，又亮出了工作证，但这名日本士兵仍不罢休。王济堂心里很清楚，一旦被带走肯定凶多吉少，于是有意拖延时间。见他一直磨蹭，日本士兵举起刺刀便朝他身上扎去，因躲闪不及，刺刀划过了王济堂的左眉骨，随后又扎进了左肩窝，一时间鲜血直流。他忍痛跳下疾驰的火车，带伤跑回了爱民街豆腐坊。

为了安全起见，组织上再没派王济堂去铁路工厂。而是让他留在豆腐坊，为来此秘密接头的情报员站岗放哨、收发文件，并掩护情报员乘火车，给抗联部队送豆腐和粮食。

说起老战友哽咽　“他到死也没供出同志”

尽管时隔七十多年，董丽泉、张瑞麟，这两个名字一直牢牢钉在王济堂的记忆里，每每提起他们，这个年过八旬的老人便会哭得像个孩子……

1943 年 8 月，哈尔滨地下抗联组织名单泄露，日伪军大肆搜捕，抗联人士纷纷转移避难。不幸的是，半年后，王济堂的上线董丽泉被日伪特务发现行踪，被捕后关在哈尔滨的监狱里被折磨致死。“后来听一个狱警说，董大哥遭受了很多酷刑，但他到死也没把我们供出去。”说到这里，王济堂一度哽咽。

1945 年 8 月 15 日本投降后，张瑞麟再次回到豆腐坊。久别重逢，王济堂抱着张瑞麟痛哭：“张叔，这段时间你上哪儿去了？”张瑞麟笑道：“你这孩子，都当了两年多地下抗联小战士了，怎么还哭啊？你看我这不是很好吗？我们胜利了，你应该高兴才对呀！”为了让王济堂“好好锻炼”，1946 年，张瑞麟把他送进了部队，后来王济堂转业到哈尔滨市道外区公安分局工作直至离休。

1999 年 5 月，在张瑞麟的追悼会上，王济堂默默地站在后排。在对遗体鞠躬时，他哭得特别伤心。而在场的人，很少有人知道他与张瑞麟的渊源。中华人民共和国成立后，王济堂很少跟人提起自己的过去。直到离休后进入哈尔滨市党史研究会，在为张瑞麟等人写回忆录时，他才对外讲起了这段传奇的潜伏经历。

如今，王济堂已经很久没回三棵树铁路工厂了。但他记得，在部队当参谋时，有一回他曾回工厂原址检查工作。他在那伫立很久，想起往事时视线模糊了，一个随行的小战士看到这一幕，询问：“首长，你怎么哭了？”

那天，他想起了张瑞麟生前说过的那句话，“我们胜利了，你应该高兴才对呀”。王济堂笑中带泪，哽咽着回答：“我这是高兴的……”

（本文发表于 2015 年 7 月 7 日，选自《生活报》）

传奇女英雄冯淑艳

文／刘敬文

冯淑艳，1909 年 11 月 28 日生于辽宁沈阳。1916 年随父母迁居到黑龙江穆棱县（今穆棱市）九站泉眼河村落户。九一八事变后不久，她加入东北抗联第五军警卫旅，成为一名战士。后任东北抗联第五军第三师妇女班班长。1938 年冬加入中国共产党。1942 年在苏联南野营待了一年多。1943 年被派回东北，在穆棱县侦察站工作。1945 年“九三”光复后在穆棱县组织游击大队。1946 年 6 月在穆棱县做妇女工作。1947 年任牡丹江军分区被服厂主任。1949 年 7 月任第五十军家属队队长。1950 年在 2573 部队当保管员。1955 年转业。1983 年 4 月离休。

家住哈尔滨的东北抗联老战士冯淑艳老太太今年九十五岁了，身体已经很不好了。她的儿子王加力在电话里对笔者说：“母亲如今整天躺在床上，很虚弱。”7 月初，笔者小心翼翼地来到冯淑艳的床前，老人听说有人要听打日军的事情，翻身起床，向笔者讲述起当年的峥嵘岁月……

深入虎穴成功策反

1936 年初，东北抗联正式成立，冯淑艳所在部队为东北抗联第五军，军长是周保中。第五军成立第二年的一天，冯淑艳接到一个重要任务：游说宁安县（今宁安市）三道河子的伪森警起义。这个任务交给冯淑艳，是因为她和伪森警大队长李文彬是亲戚，而且冯淑艳在队伍里以胆大心细著称。

第二天，冯淑艳夹着一个小包袱（内藏两支大匣子枪），大大方方地来到伪森警署要求见李文彬。伪森警知道是李大队长表嫂来访，很热情地把冯淑艳带进李文彬的办公室。

冯淑艳见到李文彬，单刀直入：“你表哥（指冯淑艳丈夫）让我告诉你，要做一个真正的中国人。”李文彬的额头马上渗出汗珠，他连忙把门关好，有点紧张地问：

“这样说，你是为我的队伍而来的？”

冯淑艳毫不掩饰：“我是抗联第五军的，周军长知道你还有中国人的良心，特意让我来策反你，如果你不愿意，可以把我抓起来去鬼子那里领赏！”

那天，冯淑艳耐心地说服了李文彬，李文彬同意带着队伍抗日。双方讲好，几天后起义，共同对付驻守在伪森警署的八名日军军官。

双枪绝技折服众人

几天后的7月12日，太阳刚刚落山，冯淑艳就来到了伪森警署。李文彬派人掐断了电话线，撤掉岗哨和巡逻兵，院内布下了两挺机枪。他跟冯淑艳说：“一切都准备好了，日军军官一睡觉我们就动手。嫂子，你枪法好，日本人由你‘点炮’。”李文彬知道，冯淑艳在抗联队伍里以枪法如神著称，而且习惯双手开弓，弹无虚发。

“弟兄们，今夜咱们要收拾日本人，都要按我的命令行动，谁要替日本人卖命，就别想活！”李文彬对集合的伪森警说。

起义的队伍包围了日军军官住处，听到响声的日军军官田中第一个跑了出来，还提着穿反的裤子，拼命吹哨。冯淑艳右手一点，一枪正中田中喉咙，田中当场毙命。另一位军官也跌跌撞撞跑了出来，冯淑艳左手一伸，又是一个。看得起义的伪森警们都傻了眼：“大队长的这位嫂子太厉害了！”

共三百八十名伪森警官兵，被冯淑艳成功策反，走上了抗日救国的道路。

冯淑艳后来被分配到第五军被服厂，协助“八女投江”中八女之一的冷云工作。老人对笔者说：“冷云、安顺福、杨贵珍、胡秀芝、郭桂琴、黄桂清、王惠民和李凤善，我们都是朝夕相处的好姐妹、好战友。”

受尽折磨坚贞不屈

冯淑艳老太太是抗联老战士中传奇式的人物，除了双枪如神的故事外，她曾经身陷日军监狱，受尽折磨而不为所动。当笔者提起这段往事的时候，老太太显然不愿意提及。她看着颤抖的双手，说：“辣椒水、老虎凳，我都尝过。”

1945年春天，已经撤退到苏联的冯淑艳秘密潜回家乡为苏军进攻日军搜集情报。她住在大哥家，由于村里汉奸出卖，日军把兄妹俩一起抓进了监狱。

冯淑艳一口咬定自己是在外地做买卖。日军恼羞成怒，决定让冯淑艳尝尝厉害。第一个刑罚是灌辣椒水。两个日本兵用铁筷子架着，猛向冯淑艳嘴里灌辣椒水。灌完后一脚往冯淑艳肚子一踏，血水和辣椒水一起喷了出来，冯淑艳晕了过去。但醒来后，她依然重复着刚才的话。

辣椒水不管用，恶狗刑又来了。冯淑艳和大哥被拖到院子里，两条大狼狗正等着。一声令下，大狗狂吠着冲过来，拼命撕扯着兄妹俩。冯淑艳满身是血，但她一声不吭。

敌人对冯淑艳用尽了刑罚，但冯淑艳一口咬定自己是在外地做买卖的。一天夜里，冯淑艳被叫醒，门外几个日军荷枪实弹等着。冯淑艳想：最后的时刻要来了。但想着苏军马上要对日军进攻，胜利马上要来临，冯淑艳显得特别轻松。

兄妹俩被押到县城北门外的一个屠宰场。日军军官对冯淑艳说："这是你们最后的机会。"冯淑艳回答："没别的说了，给个痛快的。"

连死刑都逼不出什么线索，日军怀疑汉奸报假消息。不久在其他人的营救下，冯淑艳和大哥带着一身伤痕成功出狱。

（本文发表于2005年8月23日，选自新华网黑龙江频道，有删改）

劳工变战士：抗联老兵的涅槃重生

文／董竞琦

白山市，吉林东部的一座山城，鸭绿江的支流浑江从城市的中心穿过，即使是酷热的夏季，这里依然清凉。在城区的儿童公园，每天早上都会有一位老先生由女儿搀扶着来公园遛弯儿。白色的遮阳帽，灰色的老人衫，手里拎着海绵垫，和很多在这里休闲的老人相比，他并没有什么特别之处。他叫李玉忠，一位近九十岁的老人。

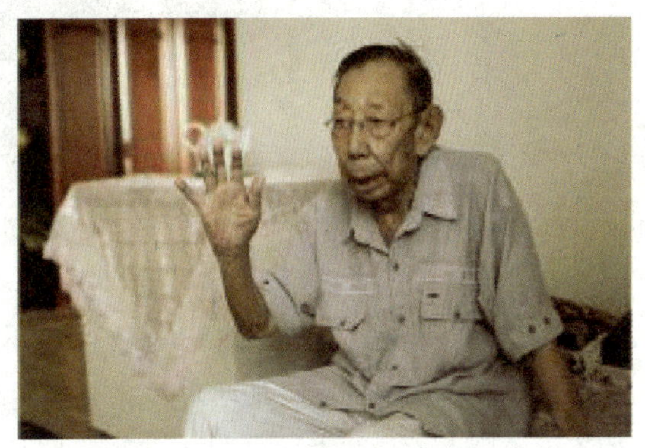

李玉忠

1927 年，李玉忠出生在吉林永吉。家里六个兄弟姐妹中，他是最小的一个。十七岁那年，他被迫去给日本人“勤劳奉仕”，修仓库。他从此离开了家，离开了父母，一走就是二十年。而这一走，也改变了他的一生。在共产党的感召下，李玉忠加入了东北抗联的队伍，开始了军旅生涯。他从被奴役的劳工变成了一名勇敢的战士。

1944 年末，已经是穷途末路的日本人要在吉林市龙潭山修建仓库。当时，按照日本人的规定，每家每户不管几个孩子，到了能出劳动力的年纪都要派出来给日本人当劳工，美其名曰“勤劳奉仕”。“当年，我二哥就是被日本人征了去，给他们修丰满水电站，结果累死在那了，那时候他才二十出头。家里剩下我和大哥还有三个姐姐。我母亲说：‘如果你大哥去当劳工了，家里的重体力活就没人能干了。’就这样，我代替我大哥去给日本人‘勤劳奉仕’了。”虽然在李玉忠的心里非常痛恨日本人，但为了家人，他也只好跟着去了。“到了地方，我就跟着一群中国劳工干活。

李玉忠（左）拿着驳壳枪与战友合影

我岁数小，重活干不动，那些叔叔和大爷们就告诉我，意思意思就行了，其他的他们干。带队负责组织劳工的是中国人，也是我家的邻居，人挺好的，很照顾大家。虽然他打心眼里厌恶干这份工作，但也没办法。那年头，日本人不把中国人当人，如果你不干，就是个死。”

当劳工的日子里，李玉忠时时刻刻想着回家。可身在“囚牢”无法脱身。不过，1945 年发生的一件事，却让他逃离了魔窟。

“劳工队伍里有个人，人缘非常好。他经常帮助别人，身边有一群比较合得来的人，大家都叫他‘说书的’。有一天夜里，他跟我们聊天，说日本鬼子快投降了。大家一商量，那咱赶紧跑吧，别到时候再让鬼子把咱都杀了。”但是，怎么跑这个事儿劳工们的意见始终不统一。第二天夜里，有很多飞机在吉林市投下了炸弹，一顿狂轰滥炸之后，日本人的工地上乱作一团。趁着这个机会，“说书的”带着他们七十多人逃离了工地。李玉忠跟着劳工们一直跑到吉林市附近一个叫牛家沟的地方。因为偏僻，所以这里相对比较安全。“到了牛家沟，我才明白，这里是东北抗联的一个秘密营地，这个‘说书的’其实是我们的地下党，我一开始还真没想到。”在这里，李玉忠看到了他从没看到过的新景象。老人说：“队伍上动员大家参加抗联打鬼子，不想参加的发给路费回家。以前也听说过抗联，知道他们打日本人。知道

自己能参加抗联，我二话没说就参加了队伍。一边找机会打仗，一边跟着队伍在周边剿匪。”1945年8月，日本宣布投降，抗战结束。李玉忠并没有因为胜利而回家，虽然参加抗联只有短短几个月，但此时的他已经对这个世界有了一个新的认识，再也不是那个不懂事的小毛孩儿了。此后，他所在的东北抗联被改编为东北人民自卫军，他又参加了很多重要的战役、战斗。

时光飞逝，转眼已是七十年后，炮火硝烟的岁月已经尘封在历史长河中，李玉忠也从当年那个日本人工地里逃生的小毛孩，变成了耄耋老人。翻开他的老照片，一张年轻时帅气的脸永远留给了那个时代。如今，老人的生活已经变得非常简单，每天遛遛弯儿、看看电视、听听广播，闲来无事就“伺候伺候”卧室鱼缸里的鱼。老人的子女说：“我爸除了耳朵有点背，眼睛不花，腿脚利索，思维也很清晰，还会用手机看微信。”说到这，老人笑呵呵地从兜里掏出了手机：“他们给我买的，听说是最新的款式，你看我给你用一个。”

看着自己的家，老人说他非常满意。“你看现在这居住条件、生活条件，跟以前那会儿真的是天差地别。有时候，我躺在床上，都会回想起当年的那些事，一半是现在，一半是过去，就像放电影那么真实。我现在每个月离休工资六七千，和子女们一起生活，挺不错的。”当离开李玉忠家的时候，笔者试探着问他，干了一辈子革命工作，有没有什么遗憾。老人伸出食指说：“我就是想知道，那个‘说书的’到底是谁，他是不是还活着。”

今年，是中国人民抗日战争胜利70周年，也是世界反法西斯战争胜利70周年。7月4日，一部名叫《东北抗日联军》的电视剧开始在电视上热播，讲述了东北抗联在黑土地上抗击日本侵略者的真实故事。七十多年过去了，虽然现在已经是一个和平的年代，可我们却永远不能忘记他们。

（本文发表于2015年8月6日，选自中国网）

周淑玲：东北抗联“花木兰”

文／毕玉才　刘　勇

周淑玲老人讲述当年峥嵘岁月

在沈阳城区东北部，沿崇山东路一北一南，分布着两处历史文化遗迹：一处是日军悍然发动侵略战争、中华民族打响抗日战争第一枪的北大营；一处是审判过日本战犯、后来改做北陵电影院的军事法庭。两处遗迹相距不到三公里，但是，从抗战开始到抗战胜利，东北人民经历了艰苦卓绝的十四年。

“为了打日寇、斗敌伪，我们家祖孙三代有七个人被害和牺牲。”2011 年 9 月 16 日，经过沈阳边防检查站党委书记、站长周延牵线，笔者来到位于沈阳市和平区桂林街的一栋普通住宅。爬上五楼，敲响东侧的房门，笔者见到了东北抗联老战士、人称“军中花木兰”的周淑玲老人。老人虽然已经九十三岁高龄，但身体硬朗、思路清晰、目光如炬。采访从老人一家的遭遇说起，悲壮而又传奇。

九一八事变发生时，东北军广大将士义愤填膺。士兵们摩拳擦掌，纷纷要求与日军决一死战，有的还流着泪找到营长、团长，要开往前线消灭日军。但张学良执行蒋介石的不抵抗命令，“不抵抗，即使勒令缴械，占入营房，均可听其自便”，致使东北大好河山很快落入日军铁蹄之下。后来听说日军不过一两万人，而东北军有二十余万人，东北军将士怒不可遏。在一个月黑风高的晚上，东北军张作相部的一个叫李铭顺的排长，以准备出早操为名，将全排士兵集合起来，拉着队伍出了村，深入到完达山与三江平原交界地区，举起了抗日的大旗。“这个人后来成了我的丈夫。”周淑玲手抚着发黄的老照片，往事历历浮现在眼前。“我的家在黑龙江省宝清县三道河子，是一个偏僻的小村，但也没能逃脱日寇的洗劫。我亲眼看见日本侵略者杀人、放火、无恶不作。所以，一家人都成了抗联的忠实拥护者，我们家成了抗日队伍的地下联络点。”老人打开话匣子，谈起了那激情燃烧的岁月。

“那年秋天，我看到三叔从外面扛回来一个大麻袋，放在了房子顶棚上。三叔一走，日本鬼子的‘讨伐队’就来了。他们把四叔吊起来用鞭子打、灌辣椒水、用子弹钻手指缝，他们还哇啦哇啦叫着什么。那时我才十四岁，猛然间想起了房顶的麻袋，爬上顶棚打开一看，里面全是炸药、手榴弹和抗联的红袖标。我连拖带拽把麻袋弄到屋后，藏了起来。日本鬼子一无所获，左右开弓打了我两个耳光，空着手灰溜溜地走了。后来这些弹药被悄悄运到了抗联第三十二团，在战场上开了花。”

“从那以后，我成了抗联的小侦察员。因为我是个小女孩，敌人也不太注意我，我的主要任务就是侦察、收集情报。有年冬天，在离我家不远的地方，我发现十多辆黄绿色的军车，车队是运送被服、弹药补给的。这可是抗联最需要的东西，我连夜将情况报告给了抗联。部队打了个漂亮的伏击战，击毙了二十多个敌人，缴获了大批武器、装备。”周淑玲老人激动地讲着，脸上充满了自豪。突然，老人面色一沉，说：“后来，敌人对我们家乡进行了大‘扫荡’，把我家的房子都烧了，四处抓捕我。没办法，我只好假装出家，躲进了宝清城。”

一年多以后，在叔叔的接应下，她走了三天三夜，来到了抗联第三军。后被任命为第三军第四师卫生队队长，并结识了第三军第四师第三十二团团长李铭顺。

“1938 年 11 月的一天中午，我正在卫生队里忙活，师长的警卫员叫我到师长那里去。我穿着一件从鬼子手中缴来的黄呢大衣，戴一顶日本帽，头发还没长长。进屋一看，好几个首长都在屋里，靠炕沿坐着一个大个子，身材魁梧，脚上穿一双日本鬼子的马靴。原来，他就是第二路军总指挥周保中。”周淑玲介绍，“我当时神情有些紧张，马上向周军长鞠了一个躬。周保中起身，向我摆摆

抗联时期的周淑玲

手，说：‘淑玲同志，我代表组织说一件事，请你考虑一下。李铭顺团长三十多岁了，他是一员猛将，这一带的日本鬼子、伪军、保安、警察听说他都发抖。我想做你俩的月下老人。’”

“当时我特别兴奋，能遇上这位抗日英雄是我的福气，但我表面害羞，偷眼看着李铭顺团长。”周淑玲说。后来，两人喜结连理。

当时，抗战的环境异常艰苦，只能靠野菜、树皮、草根充饥。周淑玲有一个孩子是生在雪地上的，她背着孩子与敌人战斗。由于寒冷和饥饿，不到一岁，孩子就死在了她的怀里。1939 年 11 月，他们接到上级命令，为了保存有生力量，撤到了苏联那边。此时，整个三十二团打得只剩下了三十多人。

1941 年，德国法西斯大规模入侵苏联，直逼莫斯科。周淑玲和其他中国抗联战士毅然拿起武器，与苏联军民一道，共同抗击德国法西斯，还参加了列宁格勒保卫战等著名战役。周淑玲用手轻轻地抚摸着一枚“卫国战争”胜利 60 周年纪念章告诉笔者，这是 2005 年，在纪念世界反法西斯战争胜利 60 周年之际，普京总统授权俄罗斯大使馆官员授予她的。

1945 年日军即将投降时，远东情报局和东北抗联决定组成特遣队，潜入牡丹江地区，为解放东北打开进军通道。李铭顺等被选为空投特遣队员，8 月 9 日凌晨，从乌苏里斯克军用机场出发，十多分钟以后，飞临牡丹江上空。李铭顺率战友跳伞，同机战友孙曾友由于没有及时打开降落伞包，坠地牺牲。李铭顺和其他战友降落后立即行动，就地发动群众，扩大武装，配合苏军一举解放牡丹江。8 月 15 日，他们终于等到了日本投降的这一天，周淑玲又回到了魂牵梦绕的祖国。

1947 年，宝清回到了人民的手中。李铭顺任公安局局长，周淑玲任县大队指导员，兼管县医院工作。后来，夫妻二人来到沈阳，分别担任了国有企业的领导人，儿孙们也都个个有出息。1987 年李铭顺因病去世，周淑玲至今不愿搬出这间住了多年的老房子，因为这里装着她许多的记忆。

党和人民永远不会忘记英雄。每年 9 月 3 日，沈阳边防检查站的官兵们都会带着生日蛋糕，来到周淑玲家，与老人共同庆祝“生日”。据周延介绍，事实上周淑玲老人出生于 1918 年 11 月 11 日，但老人多年来一直把抗日战争胜利纪念日作为自己的生日。周淑玲老人说，以前的中国积贫积弱、有国无防、落后挨打。现在，中国强大了，希望边防官兵守好中国大门，维护好祖国主权和尊严。

（本文发表于 2011 年 9 月 18 日，选自《光明日报》）

英雄赵一曼：铁骨柔情民族魂

文／吴晓颖

一身粗布红衣、一把手枪，骑着一匹白马冒着枪林弹雨冲锋在如火如荼的战场……

这不是影视剧中的虚拟的场景，而是当年东北抗联中一位女战士真实的形象。她，就是威震敌胆、被誉为“白山黑水”民族魂的抗日女英雄——赵一曼。

赵一曼

赵一曼，本名李坤泰，1905年10月27日生于宜宾一个地主家庭。在家乡求学时期受五四进步思想的洗礼，反抗封建礼教，谋求妇女解放。二十一岁加入中国共产党，此后在武汉中央军事政治学校、莫斯科中山大学学习。1928年，二十三岁的赵一曼从莫斯科中山大学回国，先后在宜昌、上海、江西等地从事地下工作。

在宜宾赵一曼纪念馆党支部书记廖永红看来，赵一曼幼时反对缠足，少年时不顾兄长阻挠坚持读书，成年后阅读《新青年》《妇女周报》等革命书刊追求平等自由，在那个年代注定是一名奇女子。

1931年日军发动九一八事变后，赵一曼被中国共产党派往东北地区领导革命斗争。她曾任哈尔滨总工会代理书记、中共珠河中心县委委员、东北人民革命军第三军第一师第二团政治委员等职务。她曾领导哈尔滨电车工人大罢工，组织农民建立抗日自卫队开展游击战争。1935年11月，赵一曼在与日军作战中为掩护部队突围，身负重伤被俘。

“在狱中，日军为获得情报对赵一曼施以长达九个多月的酷刑。用马鞭抽打，用钢针刺伤，用烙铁烧焦其手指，逼其投降招供。但她宁死不屈，没有吐露一字有关抗联的情况。”杨帆是宜宾赵一曼纪念馆的讲解员。七年来，赵一曼的故事她讲了上千次，可每每讲到动情处还是会流泪，会被共产党人这种英勇无畏的精神所感动。

1936年8月2日，赵一曼被日军杀害，年仅三十一岁。“誓志为人不为家，涉江渡海走天涯。男儿岂是全都好，女子缘何分外差。未惜头颅新故国，甘将热血沃中华。白山黑水除敌寇，笑看旌旗红似花。”廖永红说，赵一曼生前所写的这首诗是她一生最好的写照，她用自己年轻的生命实现了抗击日军、保家卫国的铮铮誓言。

在英勇就义前，赵一曼留给唯一的骨肉一封家书：“宁儿，母亲对于你没有尽到教育的责任，实在是遗憾的事情。母亲因为坚决地做了反满抗日的斗争，今天已经到了牺牲的前夕了。母亲和你在生前永远没有再见的机会了……我最亲爱的孩子啊！母亲不用千言万语来教育你，就用实行来教育你……”

这封短短一百六十多个字的信，字里行间透露着一个母亲对儿子的思念与愧疚。虽然从未亲眼见过赵一曼，但在五十八岁的孙女陈红心中，奶奶的形象崇高而美丽。奶奶是一个女英雄，她为了祖国毅然抛头颅、洒热血，无畏地献出生命。但她还是一个妻子、一个母亲，有着常人的喜怒哀乐。在人生的最后一刻，奶奶最放心不下的还是自己的孩子。

（本文发表于2016年7月8日，选自新华网）

八女投江　壮怀激烈

文／闵　智

八女投江烈士群雕

英勇壮烈的八女投江，是抗联历史上悲壮的一幕。八女投江的事迹，最简略的表述是：1938 年 10 月下旬，抗联八位女战士为了掩护大部队，被敌人包围，毅然投江殉国。然而，这段历史的细节又是怎样的？

金世峰原是抗联第五军第一师参谋。据他回忆，八女投江殉国地并不是江，而是乌斯浑河。

1938 年农历八月末或九月初的一天夜里，部队走到乌斯浑河西岸徐家屯下边河口处休息，准备过河去找军部。连日征战，部队减员严重，到达宿营地时，队伍只有一百多人。跟随部队行动的妇女团成员原本有二十多人，这时仅剩八人。

部队选择的宿营地——乌斯浑河西岸，平时是一处渡河道口。然而 1938 年的秋天，秋雨绵绵不绝，河水暴涨的乌斯浑河水流汹涌，深不可测。夜间渡河已无可能，部队决定就地宿营，生火取暖。

夜间生火，对这支正在隐蔽疾行的队伍来说，无疑犯了大忌。但生火是他们挨过寒夜的唯一办法。火光，也把敌人引到了他们的周围。

火光其实并不是日军发现的，发现的人是一个叫葛海禄的抗联叛徒、汉奸。这天，他在侦察守望哨查看时，发现远处有火光闪动。葛海禄了解抗联的活动路线和行动特点，他当即猜到抗联战士在此处宿营，于是立即向驻扎在样子沟村的日军小队长桥木报告。桥木又立马报告了上司熊谷大佐。

因在这一带活动的抗联部队较多，熊谷调集千余人的“讨伐队”，携带迫击炮、机枪等重型武器，趁夜幕悄悄地对露营的抗联部队形成一个半包围圈。由于搞不清抗联队伍的底细，日伪军只等天亮看清情况再发起攻击。

拂晓时刻，被包围的抗联战士们整装待发准备渡河。金世峰回忆：“洪水把道口封住了，木船也没有，想过河只有游过去。”

金世峰水性很好，师部决定让他先下河探路。下水后，金世峰先是往前走，没走多远就站不住了，不得不改成游泳强渡。大概游过了一半，枪炮声便在河岸上响起来。

乌斯浑河两岸到处都是柳树丛，当地叫“柳条通”。冷云等八位妇女团女战士就隐藏在柳条通里。起先，日军并没发现这八名女战士。因为前一晚宿营时，抗联的男战士宿营在乌斯浑河下游，女战士宿营在河的上游，相隔一段距离。日伪军注意力集中在了一百多名男战士身上。

攻击一开始，日伪军的所有火力都向着抗联宿营地覆盖过来。受地形所限，日伪军并没有形成完整的包围圈。抗联撤退的方向有两个：一个是向东北渡河，一个是向西进入柞木岗子密林。渡河希望渺茫，抗联战士们向着柞木岗子边打边撤。日伪军倚仗着人数、火力的优势，越来越逼近。万分危急的关头，日伪军的侧后方忽然响起了密集的枪声。八位女战士开火了。因为敌人并没有发现河边的女战士们，如果她们继续隐蔽不动，就有机会脱离险境。但是为了给主力部队换来突围的机会，她们毅然向敌人发起猛攻。

侧后方忽然响起的枪声让敌人以为掉入了包围圈。日伪军的主要火力马上转移了方向，向着柳条通还击，大部队趁机潜入柞木岗子深

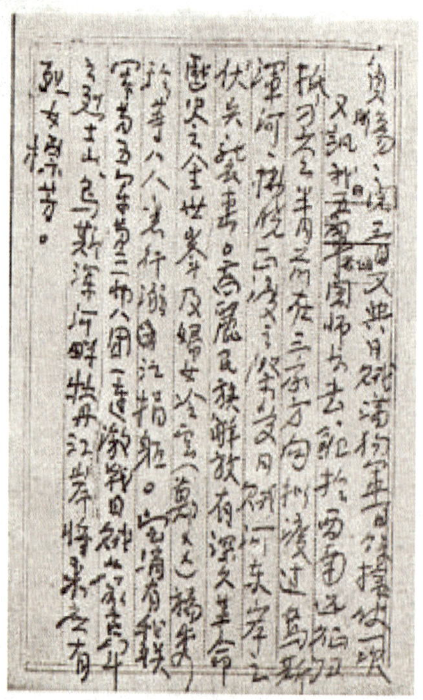

周保中关于八女投江日记的手迹

八女投江纪念碑

处。已突围的大部队发现八名女战友还据守在河边，立即返回接应，但敌人已抢占了制高点，负伤的战士越来越多。八名女战士向青山密林齐声呼喊：“同志们，冲出去！保住手中枪，抗日到底！”在敌人的强大火力之下，大部队只好忍痛向密林深处撤退。

日伪军所有火力都向冷云等人集中过来。女战士们有人负伤，有人打光了子弹，火力越来越弱。日伪军越围越近，摸到近前才看清，误以为的抗联主力竟然只是几个女兵。气急败坏的敌人发起冲锋，高喊着要“抓活的”。一颗手榴弹从草丛里扔了出来，敌人慌乱地趴倒在地。那是八位女战士最后的武器。趁着手榴弹爆炸的间隙，她们背负起受伤的战友，挽臂跳入了冰冷的乌斯浑河。八位女战士都不会游泳，但她们不愿被俘受辱。

敌人并没有放过她们，炮弹、子弹向着乌斯浑河倾泻着。两天后，突围的抗联战士在距离八女殉难地两里外的牡丹江河口找到了五具遗体，每具遗体身上都布满了弹孔。这八位英勇的女战士分别是：抗联第五军西征妇女团指导员冷云，班长胡秀芝、杨贵珍，战士郭桂琴、黄桂清、王惠民、李凤善和被服厂厂长安顺福。十三岁、十六岁、十八岁、二十岁、二十三岁，她们的生命停留在这样夏花般灿烂的年龄。

（本文发表于2015年8月25日，选自《北京日报》）

抗联女兵王铁环曾劫下日军粮食车

文／丁晓丹

“我挎着一把手枪，在林子里跑，遇见日本士兵就拼了命地跑，跑不了就开枪打，一点都不害怕。”这是王铁环对抗联岁月最初的记忆。

皇姑区松花江街一栋老式居民楼是抗联老战士王铁环的家，两室一厅的屋内物品摆放整齐，老人的卧室门上还挂着老照片。

王铁环育有两个儿子，如今她与大儿子、儿媳生活在一起。

八岁加入抗联——与日军正面交锋：劫粮食车

见到笔者到来，正在床上休息的王铁环在儿子的搀扶下起身。在客厅里，老人坐在沙发上，短发花白，面容慈祥。一束阳光透过窗帘映射在老人沧桑的面颊上，眼角的皱纹显得越发清晰深刻。

大儿子彭利说，1980 年母亲曾被确诊为肺癌，手术及时并且很成功。如今已经过去几十个年头，母亲身子骨依然硬朗，只是随着年岁增长，记忆力和听力都不太好，沟通起来会很困难，对抗联的记忆不能清晰连贯地表达了。

根据王铁环的断续表述，加上老人的儿子的补充并结合相关资料，王铁环的战斗生涯清晰起来。

王铁环 1927 年出生在黑龙江密山（今密山市）马鞍山村。她的父亲王贵祥、母亲池明生当年都是东北抗联的成员，家中除了王铁环以外，还有哥哥和弟弟。1935 年，王铁环随着家人参加了东北抗联，那年王铁环年仅八岁。当时部队里像她这么大的孩子也有一些，王铁环在第七军第三师第八团担任宣传员，负责发动群众抗日的工作。1938 年，她的父亲在一次作战当中不幸牺牲。

“五号头，比现在头发还短，根本看不出来是女孩。”王铁环这样来形容年幼的自己。

在那样的环境下，王铁环吃的东西不固定。一般都跟战士们上山挖野菜，要么

就到湖里捕鱼，但这根本不能填饱肚子。

王铁环回忆，一次在边境地区，他们发现了日军的粮食车，战士们拿着枪，趁日本人防备松懈，劫下了他们的粮食车。当时开枪还是大人帮着扣好扳机之后才开的枪。说到这，她有些兴奋。

在那时，王铁环还养过一头鹿。但让她觉得遗憾的是，小鹿被日军打死了，当时她还伤心了好一阵。

转移苏联时　护送战友牺牲——跟大人一起训练　爬冰卧雪是第一课

在王铁环看来，那时黑龙江一带到处是日军。随着日军加大“围剿”力度，东北抗日联军的处境变得越发艰难。1939 年的冬天，王铁环的母亲将哥哥寄托给当地村子的一户人家，便带上她和弟弟随着部队前往苏联。

她记得，当时东北抗联将失散各地的抗联战士召集到一起，分批进入苏联境内。由于日军在中苏边境线设有多个据点，护送工作只能在夜晚进行。而且护送时需要越过一条江，残酷恶劣的形势，让一同准备渡江的战友在雪窝中苦苦等待了半小时。

同行的战友有七人，负责护送的人中包括倪德胜排长和另一名交通员。将他们全部安全护送上岸后，两人返回。但没过多久，他们便听见了对岸“砰砰”的枪声。他们推测，两位战友可能是遇害了。后来，王铁环得知，两位战友在返回到边境时遇到了正在巡逻的日军，两人当场牺牲。

面对战友的牺牲，年幼的王铁环意识到了形势的严峻。她跟随着母亲的脚步前往苏联。到达苏联后，王铁环被编入苏联远东军第八十八步兵旅。

十二岁的王铁环在部队担任侦察员，虽然还是个孩子，但却要同部队里的大人一样接受严格的训练。“手枪、步枪都必须熟练掌握。”王铁环说，她还记得爬冰卧雪是训练的第一课。零下十几摄氏度的天气，她只穿了一条棉裤趴在冰面上。除了训练，剩下的日子王铁环还要进行政治文化学习。

王铁环介绍：“部队里少说也有上千人，跟我年龄相仿的也有一些，平时大家很少集中在一起，都是分散活动，大人们在一起，孩子们在一起。那时候，我就是两条腿能跑，我们大多隐蔽在树林里，要是碰见敌人就使劲跑。”

六枚奖章　一生珍贵

在苏联生活了六年的王铁环，每天多半的时间都在训练。1945 年末，王铁环回国。

那六枚证明抗日功勋的奖章足以诉说她毕生的荣耀。王铁环老人今年八十八岁，容颜虽老，但当老人用颤颤巍巍的双手捧着奖章时依旧神采奕奕。这六枚奖章中有一枚刻有“英雄的八十八旅万岁”。

老人将一本纪念苏联远东军第八十八步兵旅（简称“八十八旅”）的书籍翻到了末尾几页，指着其中一个人说，这就是自己年轻时的模样。照片上的王铁环，短黑发、一字眉、单眼皮，是一个面容清秀的女子。

屋子里的人都夸老人年轻时长得美。老人听不清大家说什么，有些着急地拽着儿子，儿子附在王铁环耳边说：“人家都夸你年轻时长得好看。”

老人的大儿子彭利介绍，前几年母亲还能看看电视、遛遛弯，但这两年就只在家里小范围活动活动，偶尔会听母亲念叨着抗联的事。每当说起时，母亲意气勃发。今年是世界反法西斯战争胜利70周年，母亲也将迎来自己又一枚纪念奖章。

采访最后，老人将书合起，放在一边，仔细地将六枚奖章装进盒子里。虽然老人只能用零零散散的记忆来讲述抗联的那段岁月，但看得出这段记忆是老人最怀念也是最宝贵的记忆。

（本文发表于2015年5月9日，选自《华商晨报》）

孟宪德：亲历残酷，不看战争片

文／蒋桂佳

孟宪德，1918年10月生于黑龙江集贤沙钢东升屯。1928年以后放猪、扛长活、种地，读过两年书。1940年加入“靖安军”。1942年在伪满部队起义后奔赴苏联，被编入苏联远东军第八十八步兵旅北野营。1945年8月13日在苏联加入中国共产党。

孟宪德是沈阳仅剩的三名苏联远东军第八十八步兵旅老战士之一，也是该旅年纪最大的男战士。

孟宪德出身贫苦农家，为吃顿饱饭在伪满洲国当兵。听说东北抗联的事迹后，他随战友起义奔赴苏联抗日。被编入苏军接受水陆空三栖训练后成为特种兵，最终打回东北老家赶走了日本人。如今，孟宪德仍清晰地记得这些经历中的每一处细节。

晚年的孟宪德最爱看电视，但热播的各种战争片不是他的“菜”。见过战争的严酷与血腥，他心里期盼的是“别再打仗了”。

战功累累谦称“没做啥事儿”

近日，笔者来到孟宪德在沈阳的住所，他居住在一个老旧小区的七楼。坐在朝阳面的卧室里，九十七岁的孟宪德精神矍铄，脸上的皱纹像刀刻一般，在夕阳的映衬下更加明显。

已是耄耋之年的他思维清晰，说话也非常有条理。他对自己经历的事情，还能讲出当时的场景，随口可以说出当时各类人物的名字，这对一个九十七岁的老人来说非常难得。

孟宪德所住的楼房没有电梯，加上年事已高腿脚不太好，在屋里走路还需要拐杖，他便很少下楼，看电视成了主要的娱乐活动。

“咱那时就是一个兵，没做啥了不起的事儿！”面对采访，孟宪德谦虚地说。

但一枚苏联颁发的“战胜日本”奖章、两枚俄罗斯颁发的反法西斯勋章和数枚在国内获得的抗战胜利勋章，记录了他的累累战功。

今年是抗战胜利 70 周年，孟宪德有望再次获得我国和俄罗斯政府颁发的奖章。

在伪满部队当兵受日本人欺凌

孟宪德从小喂过猪、打过长工。1940 年，他在伪满洲国的“靖安军”当了兵。“那时候年纪轻轻，并不太懂得军人的含义，当兵只是为了吃顿饱饭。”

他给一个排长当勤务兵，经常去山上砍木头烧火。“那支部队只有连长是日本人，横得不得了，动不动就打人，弄得底下的兵都很不满。”

1940 年春节以后，孟宪德随部队调动，被派到黑龙江畔防守苏联的进攻。但是他一次也没有看到苏联红军，就又被调进山海关去“围剿”八路军。同样，在关内转了四个月，“连八路军的影子都没看见”。

随抗联战士起义赴苏联抗日

在伪满洲国当兵让孟宪德感到憋屈，“做亡国奴的滋味儿可不好受”。他在砍柴时，听一名关系好的士兵说起了东北抗日联军的事儿。“我听了挺激动，想去参加抗联打鬼子，但又觉得离自己太远了。”

1942 年的一天晚上，孟宪德还在睡觉，一名士兵突然闯进宿舍推醒他说：“我现在就去把日本连长杀了，还有一个日本特务，然后去参加抗联，你去不去？”孟宪德立即答应。

跟到外面孟宪德才发现，连队一百三十多名战友大部分集合起来了，“都是愿意参加抗联的”。伪满警察部队闻讯后，开始集结向起义连队进攻。由于实力悬殊，起义士兵只能边打边撤。“我们连夜过了黑龙江到苏联境内，后来被编入苏联远东军第八十八步兵旅。”直到那时，孟宪德才知道连队里有抗联战士，“是他们策划了这次起义”。

严格受训成水陆空三栖特种兵

被编入八十八旅后，孟宪德接受了严格的军事训练。“夏天在小河汊里搞武装泅渡；冬天练习滑雪，在没过膝盖的雪地里挖战壕。”他说，挖好战壕后就趴在里面打枪。“勉强搂了一枪，第二枪死活扣不动扳机，手指头冻僵了。”好在孟宪德正当壮年，身体还能扛得住。

地面战术练得差不多了，孟宪德还被送上天练跳伞。“那之前我连飞机都没见过，第一次坐就让往下跳。”但苏联教官可不管这些，当着孟宪德的面，把一个“怯战”的士兵一脚踹出了机舱。“就看到那人背后冒出了一朵白花（降落伞），飘啊飘啊就没影儿了。”

见识过苏联教官的严厉，孟宪德可不想屁股后面挨一脚，他硬着头皮，一闭眼跳下去了。“心里数着数儿，猛地一拉胸前的绳子，就感觉上面有人使劲儿拽了你一把。再一抬头，降落伞已经把太阳遮住了。我就晕乎乎地打着旋儿着陆了。”

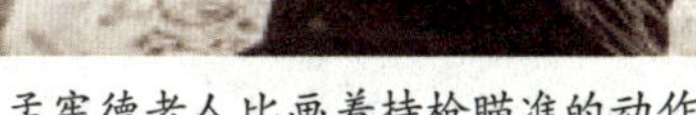

孟宪德老人比画着持枪瞄准的动作

“那时候教官会检查脖颈儿。”孟宪德抬起头，摸摸下巴，“胡子要刮得干干净净。”冬天也要求一个月至少洗一次澡，每个人发一个大木盆子，在里面泡澡。吃饭就是黑面包和汤，有时候也有鱼或者肉，都是用苏联的简单做法烹制，每人一大块，自然难以填饱肚皮。

乐趣就是有时候会在黑龙江里抓到一米多长的大马哈鱼，这会让他想起自己的东北老家。

在反攻东北的时候，孟宪德掌握了多项技能，成了一名共产党军队中少有的“特种兵”。

反攻日军见证共产党接收沈阳

“德国投降那天，我正在收割西红柿呢。”讲到苏联对德国战争结束，孟宪德笑了起来。他知道很快就会打回东北老家。果然，苏军对日作战，孟宪德成为首批返回者，跟随周保中、冯仲云返回到了哈尔滨。

苏联远东红军消灭关东军以后，东北接收成为国共两党的焦点。按照当时国民党政府与苏联政府的条约规定，苏军必须交给国民党。不过，最终是共产党接收了沈阳。在影视作品中，苏联红军看到了有镰刀、锤子标志，就允许八路军进城，事实上并非如此。

苏军占领东北后，苏军担任重要城市的卫戍区司令，副司令由八十八旅干部担任。担任沈阳卫戍区副司令的恰好是冯仲云，孟宪德是他的警卫班班长。

前来接收的八路军唐凯到达沈阳，但是苏军既不让下车，也不让进城。唐凯非常着急，急急忙忙来找冯仲云。

“冯仲云副司令带着我和警卫班两个战士直奔苏军沈阳卫戍司令部科夫通少将那里。经过协商，很快冯仲云副司令带来了好消息：‘科夫通少将同意八路军进城了。’”

晚年不看战争片，期盼永远和平

八十八旅番号取消后，孟宪德被编入解放军队伍，随部队南征北战。1947 年，孟宪德在战斗中受伤，返回东北老家并转业，结束戎马生涯。

晚年的孟宪德最喜欢看的是新闻频道，但是不爱看战争片。谈到这个，孟宪德笑了起来：“都过去了，最好别再打仗。”

（本文发表于2015年4月29日，选自《法制晚报》）

双龙队：失联五年，抗战到底

——寻访五常市抗联历史

文／王菁菁　于剑南

曾有一批中国军人，在失去与上级联系的情况下，退入深山，孤军苦战，直到抗战胜利。后来人们才发现，他们独自支撑了五年之久。他们就是东北抗联第十军的残部双龙队。日前，东北四市党报（《哈尔滨日报》《长春日报》《沈阳日报》《大连日报》）记者“重走抗联路，铭史看振兴”联合采访团抵达五常市，寻访这支坚韧的队伍在这里留下的足迹。

失联抗联残部双龙队坚持五年游击战

2015年5月清晨，联合采访团沿五常市雅臣大街出城，来到了五常市沙河子镇双龙村。“我们村的村名就是为纪念抗日英雄汪雅臣将军和他的双龙队而改的名。”提起双龙村的村名由来，双龙村村长王永祥不无骄傲地介绍。

“人们大都知道汪雅臣将军牺牲之前的事迹，但很少有人知道他牺牲后，其残部仍在双龙村一带坚持了长达五年的游击战。”五常市地方志办公室主任张伟介绍。他曾在一张日本关东军作战地图上看到，在拉林河上游九十五顶子山附近区域被画了一个黑圈。日军在作战地图记录的这个黑圈，表示这里有一支抵抗武装。经考证，这正是被百姓称为“双龙队”的东北抗联第十军汪雅臣残部建立的一块根据地。黑圈的旁边写着“双龙残匪”，而汪雅臣的外号就叫“双龙”。1946年，五常市解放后，人们为了缅怀抗日英雄汪雅臣将军和他的部队，将沙河子镇蛤蜊河子村命名为“双龙村”。

讲述过程中，张伟说起了一个细节。抗战中，女地下党员田仲樵不幸被捕，遭受酷刑后疯了。日本投降后，人们从监狱中找到了田仲樵，在为她医治的时候，她听别人谈论说拉林河上游有一支神秘的部队在活动，不知道是土匪还是地方武装。

清醒过来的田仲樵马上说，那应该是抗联第十军军长汪雅臣的人。而这些抗联战士直到日军投降，仍然不知道战争已经获胜。后来，田仲樵等人找到他们，这支队伍才最终出山。

王永祥告诉笔者，现在的文字记录和史料中很少有关于汪雅臣残部如何坚持抗战的记载。但双龙村周边和附近的村民或多或少知道当年群众如何配合双龙队抗击日军的故事。据说，他们下山后，被送到哈尔滨，归于东北抗日联军第三路军总指挥李兆麟将军麾下。

可怜邵家英烈支持抗联功不可没

在汪雅臣的双龙队与日军进行英勇斗争之际，当地普通百姓对抗联部队的支持也功不可没。老黑顶子村的邵九青一家就是其中的代表。

在王永祥的指引下，一行人来到群山环抱、风景宜人的山村——老黑顶子村。在老黑顶子村西北的山脚下，有一座馒头状的大坟墓，墓前立有“邵家肉丘坟”碑，坟墓里埋葬的是惨死在日军刀下的邵九青一家十口。

了解情况的村民王化文告诉笔者，为支持汪雅臣的双龙队，老百姓经常给部队运送粮食和衣服等物资并提供情报。一天，邵家的邵九青看见日军用汽车运送棉衣、皮靴等物资，就想到“寒冷的冬季如果劫下这批物资，可为抗日志士解决御寒困难”。于是，他连夜将情报报告给抗联队伍。第二天，抗联队伍打了一个漂亮的伏击战，歼灭十几个日本士兵，缴获了大批过冬的物资和弹药。

1935 年入秋时节，伪保长于树林告密，说邵九青为抗日队伍提供过情报，“邵家统统是‘红胡子’”。于是，驻扎在向阳山的日本守备队在拂晓之时闯进黑顶子村，直奔邵家，在院外架起了机枪，将睡梦中的邵家男女老少全部赶到院子里。邵

如今，邵家肉丘坟碑已成为当地爱国主义教育基地

家一个八岁的小男孩邵国栋（中华人民共和国成立后参军，改名邵立群）从后门逃到邻居家，躲过了劫难，成为当年邵家惨案唯一的幸存者。

邵立群在回忆录中写道:“遇难时，我七十多岁的太爷、五十多岁的爷爷和年近花甲的奶奶、快要临产的妈妈、十二岁的姐姐、十岁的表姐（顶替我被害）、年仅三岁的小妹等人相继惨遭杀害。当时，敌人为了解抗联的情况，并没有立即处死我爹和两个叔叔，而是当着他们的面将其他亲人残害致死。”

1990 年，村民自发立起邵家肉丘坟碑。如今，邵家肉丘坟四周植满了青松，一片葱郁。邵家肉丘坟也已成为当地爱国主义教育基地，五常市政府追认邵九青为“抗日有功群众”。现在，老黑顶子屯中心小学还把邵家英烈事迹编进了教材。王化文告诉笔者，邵立群退休后，每年都会来到邵家肉丘坟碑前，对先人进行祭奠。

（本文发表于 2015 年 6 月 17 日，选自《长春日报》）

地下军医全家参加抗联
神射手巧胜“竹帘伏击战”
——听抗联家属回忆先人英勇事迹

文／王菁菁　于剑南

桦南地处三江平原腹地，土地肥沃、物产丰富，素有“地上林和粮，地下黑（煤炭）白（白石）黄（黄金）”之称，因而成了当年日军侵略的重点地区。日本侵略者的高压殖民统治和疯狂的资源掠夺，激起了桦南人民极大的民族义愤。他们纷纷揭竿而起，处处是抗击日军侵略的战场。近日，东北四市党报联合采访团来到黑龙江省佳木斯市桦南县，听数位抗联英雄家属讲述可歌可泣的抗联往事。

地下军医救治抗联官兵无数

在一间仓库前，邱颖峰打开仓库门，在三面环护的铁架下，小心翼翼地抱出一口半米高的瓦缸。他一边用毛巾轻轻擦拭缸上的灰尘，一边感慨：“这口缸已经保存八十多年了，当年，村子被日本士兵包围，抗联将领戴洪斌被困村中，我爷爷急中生智把戴洪斌身上的枪藏在了这口缸里，成功保护了他。”

1933 年，邱颖峰全家参加了抗联第六军。邱颖峰的爷爷邱介臣表面上是村里的中医大夫，实际上是第六军的地下军医。邱家也成了秘密接头站点，北满省委领导人、汤原县特委负责人和东北抗联高级将领都曾在邱家秘密接头，研究东北抗日大计。

作为地下军医，邱介臣挽救过无数负伤的抗联官兵的生命。然而让他遗憾的是，抗联第六军军长夏云杰在战斗中负伤，虽经过数天的积极抢救但仍无力回天，最终牺牲在邱介臣的怀中。夏云杰对邱介臣最后的嘱托是：“精诚团结，把抗日民族解放斗争进行到底……”夏云杰撑着最后一口气，交代完抗联任务后，便垂下头，永远闭上了双眼。

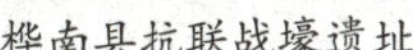
桦南县抗联战壕遗址

邱颖峰告诉笔者，八十多年来，家里几经变迁，可是瓦缸却始终被保存了下来。即使有人收购，邱颖峰也没有卖："这不只是一口缸，它代表着坚贞不屈的抗联精神，将被世代传承下去。"

全家遭迫害：张树勋巧胜"竹帘伏击战"

日本侵略者的铁蹄踏入村户，百姓们揭竿而起，抗日的烽火迅速燃烧开来。时年二十五岁的张树勋便在此时成立了抗日救国会，号召附近屯子的青年奋起反抗。在六十六岁老人张玉田慷慨激昂的讲述中，笔者深刻感受到了其父亲——抗联英雄张树勋双枪毙敌、大破日军的无畏精神。

1933年，张树勋带领汤原县黑通屯周边青年，组织成立了抗日救国会。他熟悉地形，带领抗日将士们抵抗日军，成功攻打了舒乐河镇警察署、捣毁警察大队的骑炮排、伏击日军唐锤大队……获得了一系列胜利。张树勋成为抗联第三军第九师的参谋长。由于枪法准，人送外号"双枪神射手"。

因为接连胜利，张树勋遭到敌人疯狂报复。为了抓住张树勋，日军抓走了他的父亲和弟弟，将其父亲扔到狗圈中让狼狗活活撕咬，把其弟弟绑在电线杆上殴打致残，还放火烧了张树勋家的房子。他的妻子也在接连的打击下精神失常。

敌人的疯狂报复，使张树勋抗日的斗志更足了。1937年，正是敌强我弱之时，我军急需一场胜仗来鼓舞士气。一天，张树勋和战士们正在香兰公路东面埋伏，看到四辆汽车载了一百多个日本兵，从竹帘镇方向开来。随即，他告诉大家不要暴露，让日军先过去。等敌人走远后，张树勋和八十多个战士手拿铁锹，在公路两边挖了战壕，然后跳到战壕里蹲下等候日军返回。下午3时，敌人的汽车果然开了回来。六挺轻机枪和所有步枪一齐扫射，张树勋左右手双枪齐射，敌人还没来得及还击就已被全部消灭。这次战斗，共缴获了一万多发子弹、一百多颗手榴弹、数支战斗武器，极大地鼓舞了士气。

东北光复后，上级任命张树勋到省里工作，他没同意，坚持留在桦南县。“妻子精神失常后再未恢复，我要留在这里陪伴她，这是我欠她的。”之后的日子张树勋与妻子共同度过，直到1984年去世。

（本文发表于2015年7月24日，选自《长春日报》）

东北抗联名将冯仲云的传奇故事

——纪念冯仲云诞辰100周年

文／张尚金

冯仲云，江苏武进人。1908年生，东北抗日联军著名将领。1926年考入清华学校大学部数学系，1927年5月加入中国共产党，后被选为清华大学支部书记。1930年5月被捕入狱，10月逃出后，到哈尔滨开展革命活动。先后担任过中共满洲省委秘书长、中共北满临时省委书记、东北抗日联军第三路军政委等职。1945年9月任苏军沈阳警备区副司令。1946年当选为松江省政府主席。1954年10月起先后任水利部副部长、水电部副部长兼任华东水利学院院长。冯仲云长期领导东北军民的抗日斗争，在1931年到1945年长达十四年的抗日战争中，牵制了侵华日军的大量有生力量，留下了许多英勇的抗日故事。

冯仲云

教授之家成了省委活动中心

1930年10月冯仲云出狱以后，由于身份暴露，无法再在北京待下去。经清华大学的教授介绍，他到哈尔滨商船学校任教，从此开始了他在哈尔滨的地下党生活。1931年九一八事变爆发，东北沦陷。在沈阳的满洲省委机关遭到严重破坏，许多领导人被捕。时任中共中央政治局候补委员、中央驻东北代表兼省委书记的罗登贤，被迫转移到哈尔滨领导抗日救亡斗争。他在冯仲云家中紧急召集北满党的领导

冯仲云（后排中）与家人在一起

人开会，研究新形势下如何开展工作。冯仲云受命担任满洲省委少数民族委员会书记、全满“反日会”党团书记、省委秘书长。妻子薛雯任省委交通员，侄子冯铉任省委联络员。

当时，省委面临严重困难：一是九一八事变后，中央苏区正遭受敌人残酷“围剿”，东北党组织与党中央已失去正常联系；二是党的活动经费业已断绝，省委需要自筹资金。

幸好冯仲云是教授，又兼任附近中学数学教师，月收入两百六十多块银圆。他们夫妇拿出一百八十块银圆交党费，同时利用各种关系筹措活动资金。

冯仲云的家在哈尔滨市市区南岗一栋僻静的俄罗斯别墅。当时，满洲省委下辖哈尔滨市委，磐石、珠河、汤原、宁安等中心县委，之间传递文件、沟通情况都要通过秘密交通员完成。省委文件和宣传品均由冯仲云组织秘书处印刷、分发。妻子薛雯负责机密文件保管和秘密交通接头。她不断在省委宣传部、组织部、印刷机关之间往来联络。省委秘书长冯仲云以大学教授的公开身份为掩护在这里安家。省委的全部重要文件都保存在客厅的大沙发靠背里。冯仲云的家成为当时中国共产党领导东北人民进行抗日斗争的“总指挥部”和省委的“文件库”。在这里，冯仲云夫妇曾多次躲过敌人的检查。

夫妻分离十二载终团聚

1934 年，由于叛徒的出卖，冯仲云一家在哈尔滨不能再待下去了。冯仲云被迫去了抗日游击队，薛雯则带着两个孩子回到江苏的老家。临别前，党组织安排他们见了一次面。冯仲云对妻子说了一段让她终生难以忘怀的话：“咱们这次离别，也可能永久见不到了。但是即便这样，你决不能辜负党。你回去以后可能很快回来，通过组织找到我去的地方；也可能过十年、十五年咱们才能见面，那就是咱们把日本鬼子打出去的时候。”

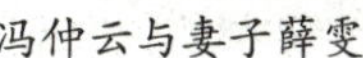
冯仲云与妻子薛雯

可谁曾想到，这一分别就是音信全无的十二年。冯仲云在白山黑水间浴血奋战，无数的战友在他身边倒下。他自己也染过伤寒、负过重伤，食草根、树皮充饥，在零下四十摄氏度的严寒里露宿野外，面对着篝火，思念着远在他乡的妻儿。

1945年，日本无条件投降，回到东北的冯仲云立即通过组织关系寻找妻儿。薛雯也终于接到丈夫的来信：“薛雯，我在东北苦斗了十四年，曾经身经百战、血染战袍。曾经在枪林弹雨、血肉横飞中冲杀，艰苦卓绝地战斗，矢志忠贞祖国人民……只要你薛雯没有违反往日的志愿，没有对不起祖国和组织，那么，还是我的妻。我是这样等待了十二年，我相信，我对薛雯你的忠诚是能得到结果的。”共同的理想、共同的信念、共同的事业，造就了两位坚强的战士。在他们不乏浪漫和温馨的生活中，忠贞、卫国、使东北人民不受奴役是他们舍生忘死为之奋斗一生的崇高信念。

1946年5月，在期盼了十二年之后，冯仲云终于和因战火阻隔在南方的爱妻和女儿团聚了。一家人久别重逢，幸福团聚，其乐无穷。东北局领导陈云、彭真、林枫等四对夫妇，特地设宴为患难夫妻幸福团聚热烈祝贺。席间，大家相互开玩笑说女同志应该学习薛雯，男同志应该学习冯仲云，他俩成了忠贞爱情的榜样。

艰苦卓绝地领导东北抗战

抗日战争进入相持阶段后，东北抗日游击战争进入极端困难时期。由于日军实行大规模的、疯狂的军事“讨伐”和严密的经济封锁，抗联的活动地区日益缩小。部队大部被迫转移到深山密林，利用青纱帐和深山老林开展游击战，发动群众对抗日本关东军的“三光”政策。

有一次，冯仲云率领部队在鹤岗煤矿附近集镇活动。日本关东军正张贴布告通缉他，并调动部队四处搜捕，悬赏一万元要他的人头。地下党向他通报情况，他镇定地表示：“不用怕，敌人有千条妙计，我有一定之规。他有千军万马，我有地下长城。”

第二天凌晨，他和战友们趁着朦胧雾气钻出铁丝网，顺利脱离包围圈。当时，敌强我弱，反“讨伐”战斗十分残酷，东北抗联原有三万多人，此时只剩下一千人左右。一些团长、师长、军长等干部相继牺牲，血染疆场。敌人曾经押着战俘辨认哪个遗体是冯仲云。战士为了迷惑敌人，随意指一人说是冯仲云。敌人信以为真，将人头割下悬挂在牌楼上炫耀战绩。

其实，当时冯仲云正在森林里参加省委会议。会议选举他和金策、李兆麟三人组成新的省委常委会，确定金策任省委书记，他任宣传部部长，李兆麟任组织部部长。那是东北抗联部队最为艰苦卓绝、豪情悲壮的岁月。敌人重兵“讨伐”，强迫群众并屯居住，切断与抗日部队的联系。我军伤亡惨重，粮草、弹药几乎断绝。冰天雪地，大家以树叶做铺，围着篝火睡觉；常常挖树皮、草根，猎杀野兽充饥。部队化整为零，分散作战，在漫漫森林里辗转穿行。冯仲云与李兆麟等战友偶尔相遇，第一句话往往是“你还活着呢”！

1939 年，九一八事变纪念日那天深夜，为了打通与党中央的联系，他和战友高禹民等越过边境进入苏联境内，寻求与共产国际中共代表团沟通情况的机会。

在异国他乡，他四天内奋笔疾书，挥泪写了三万多字悲情报告：“亲爱的中共中央负责同志：从 1935 年 5 月至 1939 年 5 月，整整四个年头了……北满党委完全处在四外隔绝的状态，得不到任何直接的援助，没有得到上级组织的领导……但是足以值得中国人民嘉许和中国共产党自豪的，是我们在敌寇空前严重压迫之下，在巨艰万难的环境中，本着共产党员的真正革命精神，前仆后继，不怕牺牲，不怕流血地前进！一息尚存，誓死抗战，使我大中华民族史上呈现灿烂的光辉！”

他直言不讳地提出：“中央三四年来与东北党委，尤其是北满党委没有联系，使党内各种问题不能及时在政治上、组织上得到解决，使工作受到无限损失。这是错误的，我们认为中央某些同志应该负有责任。”他希望见到中央同志当面汇报，批准由苏联远东党部发起召集吉东、北满党委领导人开联席会议，研究建立统一指挥和调整党的领导机关等问题。

一个月后，共产国际的代表马海来看望他们。冯仲云再次提出上述要求，对方说正在请示中。他又要求给延安党中央发电报联系，马海将电文带走，之后杳无音信，他们始终未见到中央领导人。

冯仲云焦急万分，直到 1940 年 1 月，他才和先后来苏联的周保中、赵尚志见面，共同商定在苏联伯力召开中共北满、吉东省委代表联席会议。会上冯仲云被选为三路军政委。

不久，他们返回中国境内，向抗联部队传达伯力会议精神，继续在林海雪原深处浴血奋战。

为了保存实力，积蓄干部，东北党组织决定将抗联一部分部队转移到苏联境内继续整训，冯仲云由此开始进入新的人生历程。

与金日成结成生死之交

1940年12月，冯仲云奉命参加在苏联伯力召开的东北党组织和抗联各路军干部会议。会后，冯仲云被吸收参加在苏联整训的东北抗日联军北野营的领导工作。冯仲云任政治部情报科科长，实际是搞宣传教育。参训人员来自苏联、中国、朝鲜，着重培养抗日游击队的军政领导干部，故而又称“国际旅”“八十八旅”。朝鲜的金日成也参加了这次整训。在这里，冯仲云和金日成经常在一起聊天，结下了深厚的友谊。金日成喜欢听他讲政治课，欣赏他知识渊博、富有才华。冯仲云去世后，金日成及其朝鲜的战友们还都十分怀念他。

1992年4月，冯仲云的夫人薛雯参加了金日成主席八十寿辰庆典。金日成主席亲切接见并宴请薛雯一家。金日成主席紧紧地握着她的手说：“虽然我第一次见到你，但你和我想象中的完全一样。在艰苦的抗日斗争中，仲云同志经常提到你。”在宴请时金主席用很多时间谈论了他与冯仲云的战斗友谊。特别谈到冯仲云对薛雯和女儿的思念，他开玩笑地说：“当时队伍里有好多女孩子，都想给他介绍一个，但他都拒绝了。他总说，‘我有个美丽的妻子、可爱的女儿，等到抗战胜利后，我们一定会团聚的。’后来听说你们离散十二年后团聚了，我特别高兴。”金主席伸出了大拇指说：“仲云同志是好样的，是具有高尚情操的好同志。”

（本文选自中国共产党新闻网）

我不是一个逃兵

口述／潘兆会　　整理／国家图书馆中国记忆项目组

潘兆会，原名潘兆林。1918 年生人，1935 年参加东北人民革命军（东北抗日联军前身之一），曾任排长，在战斗中屡次负伤。1939 年 3 月养伤时与部队失散，弹尽粮绝，被迫弃枪回家。1946 年参加汤原剿匪战。中华人民共和国成立后在黑龙江省汤原县务农至今。

我 1935 年 5 月参加东北抗日联军，当时十七岁。我加入抗联的时候，一些地方的警卫团、妇女团、儿童团都组织起来了。这些组织成立后就做群众的思想工作，号召大家能参军就参军。

我十九岁当上了第六军第二师保安连一排排长。保安连没有岁数大的，都是十六七岁的，保安连的任务就是给师部站岗。当年抗联的战斗条件非常艰苦，趴冰卧雪、披星戴月、忍饥挨饿这三条是固定的，三天五天吃不上饭是常事。

苦战叶家窝棚　伏击日本援兵

1937 年 7 月，我跟部队前往海伦县（今海伦市），头一天就要攻打桥头堡叶家窝棚。当时战斗异常激烈，一直持续到晚上，我们的同志伤亡非常大。戴鸿宾（时任抗联第六军军长）当时说："同志们，革命牺牲、流血是避免不了的！那些牺牲的同志们的命是拿不回来了，明天咱们要好好打一仗！"

第二天，日军调动了六辆车的援兵，其中有两辆车进入了我们设的伏击圈。戴鸿宾带领我们，把头一辆车的日军打得一个没剩；第二辆车的驾驶员也让我们一枪打死了，其他的日军在我们三挺机枪的强大火力下纷纷溃逃，也死了不少。战斗只用了二十分钟就全部结束了。这次战斗中团政治部主任王钧受了伤。我腿上挨了个炮碴子，肋部、肩部也多处受伤。

从海伦县回来，在汤原南部又遇上了日军，那场仗把日军打惨了，但我们的伤亡不重。我们就是在海伦县死伤的人多，到现在海伦那儿还立了个大碑。

绝境迫退鸭蛋河　誓死坚守东北

1938 年春节，抗联部队先后打了三次鸭蛋河（黑龙江中游南岸支流）。我们先到松花江南太平村打尖，吃完饭连夜往东北方向走，直到天亮。走着走着看到一排“亡国奴队”，咱们的人给日本人当兵的就叫“亡国奴队”，当时抗联部队没掏枪。走到日头快要落山了，过了江北，遇到一个大屯子，在那住了两天。正月初三下午又出发，直奔鸭蛋河。到了鸭蛋河就和日军打上了，一直打到了天亮。

当时师部设在二号屯，离鸭蛋河有三四里地。那时候李兆麟也跟着部队打仗呢，李兆麟（时任北满抗日联军总政治部主任兼第六军政治部主任）当时叫张寿篯。打到天亮的时候，前方的战士要退到二号屯，张政委就急了：“谁也不许退，都返回去！”战士们又返回去打了一天。敌人的火力硬啊！打仗的时候我们的战士们经常吃不上饭。二号屯那边当时给我们预备了饭，让我们吃完饭接着打，非拿下鸭蛋河不可。可就在吃饭的节骨眼上，日军那边又补充进去不少伪满洲国军队，这下他们火力更硬了。鸭蛋河没攻下来，我们就往西北走，正月初五到初七，连续攻打“小梧桐”“大梧桐”和“火烧营”，这三处都是敌人把守的金矿。

当时我们在山里连续走了好几宿，雪特别深，我们三五天都吃不上饭。到后来，马好几天没吃草料都不让人骑了。当时张政委说：“前面就是苏联，同志们，过不过去？”“过去！过去！”张政委就不吱声了，沉默了半天说：“过去对不对呀？”这一问，谁也不吱声了，也不知道对不对。“同志们，过去不对呀！光指着咱这几个人打日本鬼子打不了。但咱们起什么作用呢？中国地方大，日本人少，咱们的作用是分散他们的兵力，不耽误抗联活动。得打打这一仗，打不过咱就跑。在苏联那边吃着人家、喝着人家的，咱能起啥作用？同志们，还过不过去了？”听了张政委这番话，战士们纷纷说道：“不过去了！”就这样，我们留了下来。因为我们清楚地知道，区区几个战士打日军是打不了的，但是中国东北地方大，我们誓死留下来，要分散敌人的兵力。

走投无路　被迫弃枪

1938 年 8 月，抗联队伍在黑金河金矿遇到了敌人，张传福师长（抗联第六军第二师师长）身负重伤，腿上的血管被打坏了。当时没有药包了，失血过多，硬是淌血淌死的。陈雷（时任抗联第六军政治部组织科科长、宣传科科长）负伤轻，随大部队出发了。我负伤重（1938 年 7 月上旬，潘兆会在战斗中被机枪穿透腹部，负重伤），就没有走，留在山里养伤。1938 年是闰七月，我前七月被打伤了右边肚子，后七月被打伤了左边肚子，肠子都出来了，我就往里塞塞，用裤腰带系上，用手巾堵上。他们都认为我要死了，不能活了。我在亮子河的山里待着，蹲在山里吃葡萄藤子、葡萄叶子。直到找到了留守团的耿殿君团长，伤势才慢慢好转。

后来，大部队基本走了，剩下的几个受伤的人也走不了了。我当排长那时候部队给发零用钱，一个月一块五毛钱。保安连都是年轻人，我把自己攒的一点钱掏出来，想给战士们分下去。战士们谁也不拿，都哭了。

坚持到1939年，最后我们的部队只剩四个人了。由于极度饥饿疲惫，还身负重伤，绝望之中，我们连的高连长决定弃枪回家种田。高连长说："现在咱们去苏联去不了，也没子弹了。能不能给日本人干事儿？能不能破坏抗联的根据地？能不能破坏组织？"我们都说："不能！"他说："好，就一条活路了，咱们插枪吧！拿空枪干啥？有死无生啊！"当时我们定下四个原则：坚决不出卖组织；坚决不给敌人办事；坚决不暴露抗联行踪及机密；有机会找到部队，继续参加抗联与敌人血战到底。

后来我就回到了南靠山屯老家，那时候我母亲还在到处要饭吃。回家后我在汤原县正阳乡南山村一直靠种地生活，如今已经九十四岁了。虽然我的这段在抗联的难忘经历一直没有得到认可，也没有享受到任何待遇，但我对得起民族，对得起我死去的战友，我一生无怨无悔。只要承认我是抗联，我就满足了。

现在回想起来，在抗联最困难的时候净唱歌了，我给你们唱一首《露营之歌》："铁岭绝岩，林木丛生，暴雨狂风，荒原水畔战马鸣。围火齐团结，普照满天红。同志们，锐志那（哪）怕松江晚浪生。起来呀！果敢冲锋，逐日寇，复东北，天破晓，光华万丈涌……"

（本文发表于2012年7月27日，选自《中国文化报》）